CÉSAR VIDAL

LA MUJER Y LA REFORMA

CÉSAR VIDAL

LA MUJER Y LA REFORMA
Y LA

EDITORIAL JUCUM

P.O. Box 1138 Tyler, TX 75710-1138

Editorial JUCUM forma parte de Juventud Con Una Misión, una organización de carácter internacional.

Si desea un catálogo gratuito de nuestros libros y otros productos, solicítelos por escrito o por teléfono a:

Editorial JUCUM
P.O. Box 1138, Tyler, TX 75710-1138 U.S.A.
Correo electrónico: info@editorialjucum.com
Teléfono: (903) 882-4725
www.editorialjucum.com

La mujer y la Reforma
por César Vidal

Diseño de carátula: Joshua Hernández

Los textos de la Biblia han sido traducidos del griego y el hebreo por el autor directamente.

ISBN 978-1-576-58960-1

Impreso en Colombia
Impreso por Editorial Nomos S.A.

ÍNDICE

INTRODUCCIÓN

La Reforma ha sido un área de estudio de décadas para quien escribe estas palabras. Aún no habían concluido los años setenta del siglo pasado, cuando escribí un artículo de cierta extensión en que consideraba los pros y los contras de la figura y de la obra de Martín Lutero. Se trataba de un trabajo primerizo y, quizá, algo ingenuo, pero donde ya pisaba con pie relativamente firme en un terreno que llevaba transitando años. Regresé a la Reforma para dedicarle algunos capítulos tanto en mi libro *El legado del cristianismo en la cultura occidental* como en *La herencia del cristianismo* que lo corregí, completé y amplié. Con todo, no fue hasta este siglo en que me acerqué en una dimensión mayor a un fenómeno espiritual que cambió la Historia universal. En el año 2008, obtuve el premio de ensayo Finis Terrae con una obra titulada *El caso Lutero* en la que describía a partir de un número considerable de fuentes —¿se puede escribir Historia de otra manera?— los antecedentes del período en que tuvo lugar la Reforma, sus razones —reconocidas incluso por prestigiosos autores católico-romanos— y sus primeros pasos relacionados, sí, con Lutero, pero también con otros personajes. El hecho de que el libro contara con un amplio apéndice documental permitía a los lectores acercarse a este episodio de manera directa y clara.

Con todo, mi mejor y mayor aporte al análisis de la Reforma ha sido hasta la fecha *El legado de la Reforma* donde, en 2016, no solo volví sobre muchos de los aspectos ya analizados en *El caso Lutero* sino que, por añadidura, me centré en lo que había significado la Reforma en términos culturales, la manera en que había marcado una diferencia entre naciones que todavía existe y se percibe con claridad en Europa y América y la forma en que implica un faro de luz para abordar problemas que hoy persisten y que, más que previsiblemente, continuarán en el futuro. A pesar de que *El legado de la Reforma* superaba más que holgadamente las cuatrocientas páginas, en sus diversos capítulos hubo aspectos que sólo pude abordar de pasada y que eran más que merecedores de un estudio monográfico. Uno de ellos —ciertamente, no el único— fue el relacionado con la mujer.

Los estudios sobre la mujer se han convertido, lamentablemente, en una moda de la misma manera que no hace tanto abundaron los relacionados con los pobres. Me temo que, en uno y otro caso, se han producido aportes interesantes, pero, en su mayoría, han sufrido una pátina ideológica que los ha desprovisto de rigor y seriedad. Simplemente, son fruto de una corriente que no sabemos lo que durará, pero que, de momento, está ahí e incluso recibe jugosas subvenciones estatales. Bajo ningún concepto, desearía verme incluido en ese grupo siquiera porque mis primeros acercamientos al tema de la mujer tuvieron ya lugar —en ocasiones, con no poco escándalo— cuando no había finalizado la década de los setenta del siglo pasado.

En esta obra, he pretendido centrarme, siquiera a vuelo de pájaro, en lo que han implicado para la visión de la mujer dos fenómenos tan relacionados como el surgimiento del cristianismo y la Reforma protestante del siglo XVI. Ambos estuvieron arraigados firme y hondamente en las Escrituras, pero mientras que el primero implicó una explosión espiritual de cumplimiento de las promesas de Dios, la segunda constituyó un intento de regresar a esa pureza primitiva lamentablemente adulterada por los siglos de la Edad Media.

Así, en la primera parte de este ensayo histórico, me he detenido en el cristianismo primitivo —otro de mis temas predilectos de trabajo desde hace décadas— y, especialmente, en cómo su visión de la mujer chocó frontalmente con la que tenía el mundo clásico e incluso el pueblo de Israel. Nunca antes en la historia del género humano fue contemplada la mujer con más dignidad ni respeto que en esas primeras comunidades cristianas y, ciertamente, las mujeres supieron responder a esa predicación de manera que no puede causar sorpresa.

La segunda parte del libro está relacionado con un fenómeno terrible que ni puede ni debe ser ocultado en cualquier análisis del cristianismo. Me estoy refiriendo a la manera en que se convirtió en religión del estado romano cristianizándolo apenas, pero paganizándose en profundidad. Lamentablemente, como sucedió con tantas otras enseñanzas del cristianismo primitivo, la paganización masiva que tuvo lugar en el siglo IV d. de C., acabó con el impacto más que positivo que había tenido sobre la mujer y la Edad Media hubo de contemplar la implantación de otra visión —profundamente negativa— de la sexualidad, de la familia y del sexo femenino de la que el catolicismo-romano no ha logrado emanciparse a día de hoy.

Sólo partiendo de la descripción, por somera que sea, de ambos antecedentes resulta ya posible entrar en la tercera parte de esta obra dedicada al análisis del impacto de la Reforma del siglo XVI en la visión de la mujer.

El autor tiene la confianza en que este ensayo pueda acercar a muchas personas a un problema que, a diferencia de las modas, sí que tiene una relevancia multisecular y que hoy, dadas las corrientes que pretenden apartar las enseñanzas de la Biblia para colocarse sobre ella, adquiere una especial actualidad. El lector juzgará si lo he conseguido o no.

No puedo concluir esta introducción sin hacer referencia a personas que me fueron de especial ayuda con sus sugerencias y lecturas previas en la redacción de este libro. Es el caso, por supuesto, de Viviana Velie de YWAM Publishing —Editorial JUCUM con quien discutí por primera vez la posibilidad de escribirlo, de Misty Grant, presidenta de la Logos University que leyó algunos de los capítulos en un primer acercamiento, de Yelena Isabel Pineda que hubo de bregar con el texto y su edición y de Galyna Kalinnikova, mi extraordinaria asistente que se mantuvo a mi lado mientras daba los últimos retoques a esta obra. A todas ellas —mujeres, por cierto— vaya mi más profunda gratitud. Sin ellas, sin duda alguna, este libro habría sido peor. No entretengo más a los lectores. El texto los está esperando.

Miami, FL, marzo 2018 - mayo 2019

I

LA MUJER EN EL MUNDO EN QUE SURGIÓ EL CRISTIANISMO

Es habitual escuchar la tesis —tan repetida como inexacta— de que el cristianismo acabó imponiéndose sobre el paganismo meramente en virtud de la utilización de la fuerza bruta. Un cristianismo intolerante e inculto se habría así alzado vencedor gracias al apoyo imperial y habría eliminado a un paganismo tolerante e ilustrado amén de pujante. No hace falta decir que la defensa de esa tesis es fácilmente instrumentalizable como un arma dialéctica en contra del cristianismo y en favor de las supuestas virtudes humanistas de la sociedad pagana. La realidad histórica resulta, según se desprende de las distintas fuentes, muy diferente. Lo cierto es que el paganismo demostró sobradamente su intolerancia al perseguir vez tras vez a los cristianos que eran una pacífica minoría religiosa y que —a diferencia de, por ejemplo, los judíos que se alzaron en el 66 d. C. y a inicios del siglo II bajo Bar Kojba, solo por citar los dos ejemplos más sobresalientes— ni una sola vez se enfrentó con las armas al imperio romano.

Debe reconocerse que el choque de valores entre las dos cosmovisiones no podía resultar más obvio. Uno de los ejemplos más claros es el de la visión y la situación de las mujeres.

El derecho romano estaba concebido en función de los varones romanos y libres. Poca atención, salvo cuando se cruzaban en el camino de estos, concedía a las mujeres, a los no-romanos o a los esclavos, a los que se consideraba *res*, palabra que en latín significa cosa y que en castellano ha terminado por designar, no sin razón etimológica, a las cabezas de ganado. Los ejemplos que se pueden aducir en defensa de nuestra tesis a partir de las fuentes resultan numerosísimos. Detengámonos en el *status* de las mujeres.

La cultura clásica —de raíces griegas y latinas— era todo salvo benévola hacia ellas. Como señaló en su día Burckhardt[1], «la mujer es, pues, sólo una cosa, un medio para el caso». No exageraba en su apreciación. En la cultivada Atenas[2] —una de las ciudades más relevantes de la Historia antigua e incluso universal donde el apóstol Pablo predicó el Evangelio— su situación era, sin ningún tipo de exageración, penosa. Eliano nos ha transmitido el dicho del genial Demóstenes[3], que afirmaba que los atenienses contaban con tres tipos de mujeres: las hetairas —una especie de cortesanas— para el placer, las esclavas para

---

1 *Historia de la cultura griega*, Madrid, 1971, t. V, p. 178.
2 Sobre la situación de la mujer en Grecia, véanse: M. Finley, *Economy and Society in Ancient Greece*, Nueva York, 1982; *La Grecia Antigua: Economía y sociedad*. Booklet, Barcelona, 2000. M. Guttentag y P. E. Secord, *Too Many Women? The Sex Ratio Question*, Beverly Hills, 1983; S. Pomeroy, *Goddesses, Whores, Wives, Slaves: Women in Classical Antiquity*, Nueva York, 1975. *Diosas, rameras, esposas y esclavas: En la antigüedad clásica*. Madrid, Akal, 2004.
3 Eliano, V. H., XII, 5; XIV, 35.

el uso diario y las esposas, para engendrar hijos legítimos y ocuparse de las tareas domésticas. Difícil es encontrar una visión más utilitaria y deshumanizada de la mujer. Sin embargo, los males femeninos comenzaban mucho antes. Para empezar, su número se veía reducido a causa del muy común infanticidio femenino. Además, se les proporcionaba poca o nula educación —Menandro afirmaba en un fragmento menor no identificado que «el que enseña letras a su esposa está mal aconsejado ya que proporciona veneno adicional a una serpiente»— y se concertaba su matrimonio en la infancia, celebrándose apenas llegada la joven a la pubertad y en ocasiones incluso con anterioridad.

En términos legales, el *status* de una mujer era similar al de un niño, aunque en la práctica, su condición real se acercaba más a la de una propiedad en manos de un varón. Incluso aunque la mujer podía poseer alguna propiedad, esta, en realidad, quedaba en manos del hombre que gobernaba su vida. La gobernaba, ciertamente, y no de manera benévola. Llegado el caso, podía divorciarse de la mujer sin entregarle indemnización ni compensación mediante el fácil expediente de expulsarla de su casa. Era esta una medida obligatoria legalmente si la mujer, por ejemplo, había sido violada. Por lo que se refería a la mujer, si deseaba el divorcio se veía limitada por el hecho de que algún varón de su familia aceptara defenderla ante los tribunales.

Esa situación, por supuesto, contaba con explicaciones de carácter filosófico que la justificaban.

    La mujer y la Reforma

Aristóteles —que influiría enormemente en la filosofía medieval— podía afirmar en su *Política*[4] que «el varón es por naturaleza superior y la mujer, inferior, y uno gobierna mientras que la otra es gobernada: este principio de necesidad se extiende a toda la Humanidad».

Si ésa era la situación en la ciudad donde nació la democracia y floreció la filosofía, también hay que reconocer que la condición femenina en Roma no resultaba, desde luego, mejor. Como ya vimos que sucedía en Grecia, incluso en el caso de las clases acomodadas, «una mujer es un niño grande que hay que cuidar a causa de su dote y de su noble padre»[5]. Ni que decir tiene que en el caso de las pertenecientes a otras clases sociales la situación no era precisamente mejor. El estudio de las fuentes epigráficas romanas deja de manifiesto que las mujeres romanas se casaban en su mayoría cuando eran simples niñas[6]. En otras palabras, en no pocos casos, ni siquiera habían alcanzado la pubertad cuando contraían matrimonio. Esta circunstancia no quedaba excluida —todo lo contrario— cuando se trataba de mujeres pertenecientes a las clases altas. Así, Octavia se casó a los once años; Agripina, a los doce; Tácito contrajo matrimonio con una joven de trece años, o Quintiliano, el hispano maestro de la gramática latina,

---

4 I, 5.
5 P. Ariés y Georges Duby, *Historia de la Vida Privada: Del Imperio Romano al Año Mil*, Madrid, 2001, p. 53.
6 Sigue siendo clásico el artículo de K. Hopkins, «The Age of Roman Girls at Marriage», en *Population Studies,* 1965, 18, págs. 309-327. Un estudio también interesante basado sobre todo en inscripciones, en A. G. Harkness, «Age at Marriage and at Death in the Roman Empire», en *Transactions of the American Philological Association,* 27, págs. 35-72.

tuvo su primer hijo de una esposa de esa misma edad. Plutarco menciona que los romanos entregaban a sus hijas para que contrajeran matrimonio cuando «tenían doce años o incluso menos»[7], y encontramos noticias similares en otros historiadores como Dión Casio. Es cierto que el derecho romano consideraba edad núbil para la mujer los doce años, pero ni siquiera esa barrera era respetada siempre. De hecho, la niña podía ser casada antes, aunque solo se la considerara esposa legal cuando alcanzaba los doce años. Desde luego, las críticas frente a esos comportamientos eran del todo inexistentes y las evidencias arqueológicas muestran que los matrimonios —incluso si se celebraban antes de que la niña alcanzara los doce años— eran consumados[8]. De ahí que no resulte sorprendente que la ley romana incluso se ocupara de articular mecanismos sancionatorios para las adúlteras de menos de doce años[9].

Sin duda, la suerte de aquellas niñas no era envidiable y, sin embargo, en el contexto de la época hay que considerarlas forzosamente afortunadas, ya que, al menos, habían logrado llegar a esa edad. El infanticidio, es decir, el dar muerte a niños era no solo común en el mundo clásico, sino que además constituía una realidad totalmente tolerada y legitimada. Así, Séneca, a pesar de la altura moral de no pocas de sus obras,

---

7 Citado en Hopkins, *op. cit.*, pág. 314.

8 En este sentido, mostrando que los matrimonios eran consumados incluso antes de que la esposa alcanzara la pubertad, véase: M. Durry, «Le mariage des filles impubères dans la Rome antique», en *Revue Internationale des Droits de l'Antiquité,* ser. 3, 2, 1955, págs. 263-73.

9 En ese sentido, véase: Hopkins, *op. cit.*

contemplaba el hecho de ahogar a los niños en el momento del nacimiento como algo provisto de razón, y, por supuesto, la idea de que debiera mantenerse la vida de un hijo no deseado provocaba una repulsa directa. Al respecto, debe recordarse que el gran historiador romano Tácito censuró como una práctica «siniestra y perturbadora» el que los judíos condenaran como «pecado el matar a un hijo no deseado» *(Historias* 5, 5). No se trataba, desde luego, de excepciones. Los grandes filósofos griegos Platón *(República* 5) y Aristóteles *(Política* 2, 7) habían recomendado el infanticidio como una de las medidas políticas que debía seguir el Estado.

Por supuesto, los niños abandonados o muertos tras nacer pertenecían a ambos sexos, pero, de manera ostentosamente preferente, este triste destino recaía en las hembras o los enfermos. Al respecto, no deja de ser interesante el testimonio recogido en la carta privada que un tal Hilarión[10] envió a su esposa Alis, una mujer que se encontraba encinta:

> «Sabe que estoy aún en Alejandría y no te preocupes si todos regresan y yo me quedo en Alejandría. Te ruego que cuides de nuestro hijito y tan pronto como me paguen te haré llegar el dinero. Si das a luz, conservarlo si es varón, y *si es hembra, desembarázate de ella.* Me has escrito que no te olvide. ¿Cómo iba a olvidarte? Te suplico que no te preocupes». [La cursiva es nuestra.]

Hilarión, amante esposo y afectuoso padre, aunque solo si se trataba de hijos varones, no constituía un

---

10 Hilarion a Alis, in P Oxy 744.

caso marginal. Simplemente, era un ejemplo de lo que aparecía en las normas legales y en la práctica cotidiana. Uno de los pilares históricos del derecho romano, la denominada ley de las Doce Tablas, por ejemplo, permitía al padre abandonar a cualquier hembra o a cualquier varón, si bien en este último caso debía tratarse además de una criatura débil o con malformaciones.

Por otro lado, recientes excavaciones han dejado de manifiesto que de las docenas de niños arrojados a la muerte en una ciudad mediterránea de la época la inmensa mayoría eran hembras[11]. Que los hombres superaran a las mujeres demográficamente en una proporción de 131 a 100 en la ciudad de Roma y de 140 a 100 en Italia, Asia Menor y África[12] no era sino una consecuencia de la nula consideración que se tenía socialmente hacia el sexo femenino. ¿Acaso podía ser de otra manera cuando era rara la familia que aceptaba en su seno más de una hija? De acuerdo con un estudio arqueológico realizado por Lindsay, sobre la base de seiscientas familias estudiadas en una de las ciudades del imperio solo seis —es decir, el 1 por 100— contaba con más de una hija[13].

Teniendo en cuenta que ya constituía una verdadera fortuna el poder sobrevivir hasta la pubertad

---

11   L. E. Stager, «Eroticism and Infanticide at Ashkelon», en *Biblical Archaeology Review,* 17, 1991, págs. 34-53. Estos cuerpos infantiles contaban apenas con unos días cuando fueron abandonados, según P. Smith y G. Kahila, «Bones of a Hundred Infants Found in Ashkelon Sewer», en *Biblical Archaeology Review,* 17, 1991, pág. 47.
12   J. C. Russell, *Late Ancient and Medieval Population,* Filadelfia, págs. 14 y sigs.
13   J. Lindsay, *The Ancient World: Manners and Morals,* Nueva York, 1968, pág. 168.

para contraer enseguida matrimonio, no debería sorprendernos que el papel de las mujeres en el campo de las religiones paganas resultara, por regla general, mínimo. El movimiento de la Nueva Era —tan ahistórico e indocumentado en la práctica totalidad de sus manifestaciones— ha insistido en las últimas décadas en un mensaje que contrapone a un cristianismo supuestamente patriarcal contra un paganismo felizmente feminista. Desde el punto de vista de la propaganda, el mensaje puede resultar sugestivo, pero, desde el punto de vista de la Historia, semejante pretensión no pasa de ser un dislate de enorme envergadura. Ciertamente, en ocasiones, hubo mujeres que desempeñaron algún papel en ciertos templos y santuarios paganos, pero los grupos religiosos a los que pertenecían y los centros en que desempeñaban sus funciones resultaban tan periféricos que su importancia resultaba muy reducida en el seno de la sociedad pagana. Por añadidura, en no pocos casos, las ceremonias propias de las mujeres —como las Bacantes— se reducían a convertirlas en seres que se embriagaban y perdían el control. En paralelo, otras religiones paganas como el mitraísmo permitían solo una participación masculina. En general, las religiones paganas no otorgaron a la mujer una posición mejor que la que ocupaba en la sociedad y, ciertamente, es lógico que así fuera.

El mundo del judaísmo manifestaba hacia la mujer una mayor consideración que la que podía esperar encontrar en el mundo helenístico. Ciertamente, la idea de que pudiera ser abortada, muerta al nacer o abandonada resultaba impensable. Con todo, su *status* social era diferente al del varón y estaba claramente subordinado. Así, durante su menstruación incurría en un estado de impureza ritual o *nidah,* impureza que volvía a producirse tras las relaciones sexuales, con posterioridad al parto, etcétera. Aunque se esperaba en teoría que prestara su consentimiento libre al marido escogido por su familia, por regla general parece que era muy común que se produjera solo una aceptación de los hechos consumados. Por supuesto, la muerte de su esposo representaba un drama de tal magnitud que la viuda constituía, junto al huérfano, un paradigma de ser menesteroso (Salmo 68, 4-5; Isaías 1, 17; Zacarías 7, 9-10 etc). Por añadidura, el hecho de que pudiera acceder a una cierta instrucción era por lo general muy excepcional.

La diferencia que el cristianismo ofrecía frente a ambas cosmovisiones, la del mundo clásico y la del judaísmo, ambas aceptadas socialmente y estructuradas de forma legal, era, pura y simplemente, extraordinaria. Jesús, de entrada, se había comportado en agudo contraste con diversos aspectos de la cultura judía. Un ejemplo elocuente de esa circunstancia se halla en su actitud hacia las mujeres. Jesús las trató con una cercanía y una familiaridad que llamó la atención incluso de sus mismos discípulos que no podían comprender semejante conducta (Juan 4:27). A diferencia de los rabinos de su tiempo, que no se hubieran acercado nunca a una mujer —¿quién se hubiera arriesgado, por ejemplo, a contraer la impureza ritual procedente de una menstruante?— son repetidos los casos en que Jesús habló en público con ellas incluso en situaciones muy delicadas (Mateo 26:7; Lucas 7:35-50; 10:38 y ss.; Juan 8:3-11). No solo eso. Las puso como ejemplo de conducta en el seno de una cultura acusadamente patriarcal (Mateo 13:33; 25:1-13; Lucas 15:8) e incluso encomió en público sus virtudes (Mateo 15:28).

A diferencia de lo que encontramos en fuentes paganas y judías, encontramos distintos episodios en los que las mujeres fueron objeto de la atención de Jesús (Mateo 8:14; 9:20; 15:22; Lucas 8:2; 13:11). Por si fuera poco, hubo mujeres que llegaron a convertirse en discípulos suyos, de nuevo un fenómeno reprobable desde la óptica no sólo pagana sino también judía (Lucas 8:1-3; 23:55). Para sorpresa —y ciertamente escándalo— de sus contemporáneos, Jesús las había integrado entre sus seguidores otorgándoles un trato en nada inferior a los varones.

Lo mismo sucedió con posterioridad con los discípulos de Jesús. Pablo se atrevió a afirmar que en el seno de la comunidad cristiana no existían diferencias entre hombre y mujer de la misma manera que no se daban entre esclavos y libres o judíos y gentiles (Gálatas 3:27-28). Basta comprobar los datos que aparecen en las fuentes paleocristianas para comprender que semejante afirmación no fue una mera declaración de buenos principios. En su Epístola a los Romanos (16:1 y ss.), por ejemplo, Pablo menciona un número considerable de colaboradores de los que, prácticamente, la mitad son mujeres. Entre ellas se encuentran mencionadas Febe (16:1-2) —que era diaconisa en la comunidad cristiana de Cencrea— y Junia de la que se nos dice que era «insigne entre los apóstoles» (16:7).

Las referencias a la participación femenina en los oficios eclesiales vuelven a repetirse en otros escritos paulinos como las cartas pastorales y así en I Timoteo 3:11 y ss., Pablo indica los requisitos que debían cumplir las aspirantes al diaconado. Con todo, donde Pablo alcanzó un grado de osadía que debió escandalizar a no pocos fue cuando señaló que los esposos —dueños y señores de las esposas— debían amarlas de la misma manera sacrificial que Jesús lo había hecho con la iglesia (Efesios 5:25-26). El pasaje puede haber quedado desgastado en la mente de muchas personas, pero resulta de una enorme relevancia y muestra la inmensa profundidad emocional y espiritual que implica la relación conyugal. La mujer había dejado de ser una propiedad del marido de la que podía disponer prácticamente a su antojo para convertirse en la receptora de un amor sublime, a decir verdad, tan extraordinariamente sublime que estaba desarrollado a imagen y semejanza del Amor mayor que ha tenido lugar en la Historia universal.

La visión de Pablo, desde luego, no fue una excepción. Plinio el Joven, al relatar la persecución desencadenada contra los cristianos, informa de que había torturado a dos jovenes «que eran diaconisas»[14]. Encontramos también testimonios similares en Clemente de Alejandría y en Orígenes, así como en decisiones conciliares como las del Concilio de Calcedonia del año 451, que marcó distintas condiciones para que las mujeres accedieran al diaconado.

Sin embargo, el acceso de las mujeres a un ministerio religioso no fue, con seguridad, lo que más las atrajo hacia la nueva fe. El factor esencial era la manera tan distinta en que las enseñanzas de Jesús las contemplaban y cómo tenían consecuencias, literalmente, de vida o muerte para ellas. De entrada, el cristianismo condenaba sin ningún tipo de paliativos el infanticidio. Por supuesto, no practicaba acepción de sexos al respecto, pero no puede dudarse, por lo ya visto, que los principales beneficiarios de esa actitud eran los recién nacidos de sexo femenino. El privar de vida a un bebé se consideraba moralmente nefasto y, a diferencia de lo contenido en la carta de Hilarión, no se contemplaba una excepción con el caso de las niñas.

La cultura pagana, por supuesto, no tenía ninguna objeción moral contra el aborto e incluso había aducido razones en su favor. Platón (*República* 5, 9) había escrito que el Estado debía convertir en obligatorio el aborto para las mujeres que superaban los cuarenta años y también considerarlo

---

14 No fue un caso excepcional. B. Bowman Thurston, *The Widows: A Women's Ministry in the Early Church*, Minneápolis, 1989, en un estudio que puede considerarse clásico, indica cómo del número considerable de mártires femeninas hay que deducir que las autoridades romanas las identificaban con ciertas posiciones ministeriales en el seno de la iglesia primitiva.

como una manera de controlar el crecimiento de la población. Aristóteles, asimismo, había suscrito el punto de vista de que solo debía procrearse hasta una edad determinada y que, superada esta, había que recurrir al aborto (*Política*, 7, 14, 10). La sociedad romana, desde luego, consideraba normal que los varones dispusieran de los fetos de sus esposas o amantes, y conocemos, por ejemplo, el caso de Julia, la sobrina de Domiciano, a la que este ordenó abortar cuando quedó embarazada por mantener relaciones sexuales con él.

El cristianismo, y en esto era incluso más estricto que el judaísmo[15], consideraba, sin embargo, un grave atentado contra la moral la destrucción de la vida que estaba albergada en el vientre de una mujer. La *Didajé*, la primera catequesis cristiana de la que tenemos noticia, cuya fecha de redacción puede incluso ser anterior al año 70 d. C., ya consignaba la siguiente prohibición: «No matarás a un niño recurriendo al aborto ni lo matarás una vez que haya nacido» (2: 2). De la misma manera, la *I Apología* de Justino dejaba de manifiesto que «se nos ha enseñado que es una perversidad abandonar a los niños recién nacidos» (XXVII). La posición del cristianismo primitivo hacia el aborto y el infanticidio no tardó en convertirse en una abierta denuncia dirigida a las más altas instancias del imperio. Atenágoras (*Apología 35*) ya señaló en el siglo II al emperador Marco Aurelio que «decimos a las mujeres que utilizan drogas para provocar

---

15 Sobre precedentes judíos en Flavio Joseto y el Pseudo-Focílides, aparte de un desarrollo del tema, véase: M. J. Gorman, *Abortion and the Early Church*, Downers Grove (Illinois), 1982.

un aborto que están cometiendo un asesinato, y que tendrán que dar cuentas a Dios por el aborto... contemplamos al feto que está en el vientre como un ser creado, y por lo tanto como un objeto del cuidado de Dios... y no abandonamos a los niños, porque los que los exponen son culpables de asesinar niños». Sabido es que la apología no disuadió al emperador de convertirse en un perseguidor de los cristianos. Pero tampoco la persecución apartó a los cristianos de sus puntos de vista. A finales del siglo II, Minucio Félix (Octavio 33) volvía a condenar el aborto y lo relacionaba —con razón— con la propia mentalidad pagana. De esa terrible amenaza se veían libres las mujeres en el interior de las comunidades cristianas.

Por añadidura, los cristianos propugnaban estrictas normas morales en el terreno de la vida conyugal, equiparando de nuevo al hombre y a la mujer. Así, condenaban el divorcio (con matices, porque sí aceptaban algunas causas en que podía ser lícito[16]), el incesto, la infidelidad matrimonial y la poligamia. Por supuesto, el cristianismo valoraba la castidad femenina, pero, al mismo tiempo, rechazaba la doble vara de medir que consideraba con benevolencia el adulterio masculino[17]. Por el contrario, la infidelidad masculina era objeto de una censura tan acentuada como la femenina[18]. La mujer cristiana sabía que de ella se esperaba una conducta de fidelidad, pero a la vez era

16 Al respecto, véase M. L. West y R. Francis, Scandal in the Assembly, Nueva York, 1970, especialmente pp. 112 ss.
17 A. T. Sandison, «Sexual Behavior in Ancient Societies», en D. Brothwell y A. T. Sandison (eds.), *Diseases in Antiquity*, Springfield, págs. 734-755.
18 H. Chadwick, *The Early Church*, Harmondsworth, 1967, pág. 59.

consciente de que su esposo estaba sometido a las mismas exigencias morales. Una vez más la equiparación entre ambos sexos era considerada natural. Además, las mujeres que se convertían al cristianismo gozaban de ventajas adicionales. Por ejemplo, contraían matrimonio a una edad mayor que sus coetáneas y tenían posibilidad de escoger a su cónyuge. Una vez más, las fuentes arqueológicas resultan contundentes. Una mujer pagana tenía tres veces más posibilidades que una cristiana de haber contraído matrimonio antes de los trece años; y el 44 por 100 de las paganas ya estaban casadas a los catorce años en comparación con el 20 por 100 de las cristianas, es decir, menos de la mitad. De hecho, el 48 por 100 de las cristianas eran solteras aún a los dieciocho años[19]. Si se producía la viudedad, la situación que el cristianismo ofrecía a las mujeres era también considerablemente mejor a la que estas experimentaban en la sociedad clásica.

La crisis demográfica relacionada con la propia ética del paganismo se traducía, entre otras circunstancias, en una enorme presión social —incluso legal— para que las viudas volvieran a contraer matrimonio. El emperador Augusto llegó a disponer que si la nueva boda no se celebraba en un plazo de dos años las viudas se vieran sujetas a una sanción legal. Por el contrario, el cristianismo manifestó desde un principio un respeto muy especial hacia las viudas e incluso organizó un sistema de asistencia de sus necesidades que carecía de parangón en la Antigüedad. Los orígenes

19 Cifras con tablas comparativas, en Hopkins, *op. cit.*

de este sistema asistencial se hallan, desde luego, en el cristianismo apostólico. De hecho, Pablo menciona en las pastorales el cuidado que la congregación debía mostrar para con aquellas viudas que carecían de recursos (I Timoteo 5:3 y ss.). Una vez más no se trató de una excepción, sino de una práctica que se vio continuada de manera fecunda en los siglos siguientes. En el año 251, por ejemplo, precisamente en medio de la terrible persecución de Decio, Cornelio, el obispo de Roma, escribía a Fabio, obispo de Antioquía, que las iglesias de su diócesis estaban atendiendo «a más de mil quinientas viudas y personas desamparadas»[20].

Ciertamente, el Evangelio implicó extraordinarios cambios en la percepción de la mujer que existía en el judaísmo y en la cultura clásica. Su dignidad y su vida eran respetadas de manera incomparable. Su peso en la vida comunitaria no tenía parangón en el mundo pagano y tampoco en el judaísmo. En cuanto a la visión de la vida familiar y conyugal, las convertía en seres dotados de las mismas obligaciones que el varón en áreas como la fidelidad o la castidad. Por si todo lo anterior fuera poco, podían esperar que sus esposos les dispensaran un amor cuyo modelo no era algún episodio erótico de la Antigüedad como las de los dioses que seducían mujeres sino la entrega sacrificial de Cristo por su Iglesia. Calificar semejantes cambios como revolucionarios no constituye, en absoluto, una exageración.

¿Supieron las mujeres de la época apreciar la situación muy superior que les ofrecía el

---

20 Eusebius, *Historia eclesiástica,* VI.43.

cristianismo en relación con el paganismo? Una vez más, las fuentes son terminantes al respecto. El cristianismo tuvo un éxito extraordinario entre la población femenina del imperio mucho antes de convertirse en religión oficial. De hecho, el número de fieles femeninas de la nueva fe debió de exceder de manera considerable el de varones, y esto en una sociedad donde la *ratio* demográfica por sexos era exactamente la contraria[21]. Así, por ejemplo, en un inventario de la propiedad confiscada en una iglesia de la ciudad norteafricana de Cirta durante una persecución en el año 303, hallamos dieciséis túnicas de varón frente a ochenta y dos de mujeres... ¡una desproporción superior a cinco a uno!

Como señaló muy adecuadamente Chadwick[22], «el cristianismo no solo tuvo un enorme éxito entre las mujeres, sino que además fue gracias a ellas como penetró en estratos superiores de la sociedad». Es conocido el caso de la cristiana Marcia, una concubina del emperador Cómmodo, que logró que se indultara a Calixto, futuro obispo de Roma, de una sentencia de trabajos forzados en las minas. No fue el suyo un episodio excepcional. De hecho, las disposiciones eclesiásticas muestran un número creciente de cristianas que contraían matrimonio con paganos e incluso una considerable comprensión hacia esas situaciones. Al parecer, el cristianismo no temía perder miembros en esos matrimonios. Por el contrario, tal y

---

21 En el mismo sentido, véanse: R. L. Fox, *Pagans and Christians*, Nueva York, 1987; A. Harnack, *The Mission and Expansion of Christianity in the First Three Centuries*, Nueva York, 1908, t. II, pág. 73.
22 H. Chadwick, *op. cit.*, pág. 56.

como se desprende incluso de las fuentes bíblicas (I Pedro 3:1-2; I Corintios 7:13-4), contaba con razonables esperanzas de lograr la conversión de los esposos paganos. Calixto, ya convertido en obispo de Roma, encontró incluso admisible el concubinato entre una cristiana y un pagano siempre que se guardara la fidelidad propia del matrimonio. Por supuesto, los hijos nacidos de esos matrimonios —y otras uniones— solían ser educados en la fe cristiana.

A la altura del siglo IV, cuando el cristianismo estaba en puertas de convertirse en religión del imperio, al menos la mitad de la población era ya cristiana. Sin embargo, su peso demográfico era mucho mayor, ya que el porcentaje de conversas femeninas era más elevado y se extendía sobre familias en las que el esposo continuaba siendo pagano. Para alcanzar esa situación, en contra de lo sostenido por los apologetas del paganismo, la nueva fe no había tenido que recurrir a la violencia ni al respaldo estatal. Más bien, había sufrido el tener que enfrentarse con ambos.

Se pensara lo que se pensara, lo cierto es que a lo largo de tres siglos el cristianismo fue concitando no solo las simpatías de amplios sectores sociales —esclavos y mujeres, pero también aquellos que estaban asqueados profundamente de la moral pagana— sino también reuniendo en su seno un potencial demográfico que no podía ser igualado por una sociedad que abandonaba a sus hijos, que practicaba el aborto libremente y que sometía a las mujeres a un trato injusto y discriminatorio. En los siglos anteriores César había recompensado con tierras a los padres que engendraran tres o más hijos (59 a. C.) y Augusto (29 a. C. y 9 d. C.) había promulgado normas que otorgaban preferencia política a los padres de tres o más hijos, que sancionaban a las parejas sin hijos, a las solteras de más de veinte años y a los solteros de más de veinticinco. Emperadores sucesivos habían incidido en estas políticas demográficas desde el poder, pero, como señalaría Tácito *(Anales* 3, 25), la ausencia de niños seguiría prevaleciendo. A inicios de la Era cristiana la tasa de fertilidad del imperio ya era negativa[23]; por el contrario, el cristianismo iba implantándose en los sectores de la población capaces de revertir esa terrible tendencia y les infundía una ética —siquiera en lo tendente a evitar el infanticidio y el aborto— que tenía consecuencias demográficas muy positivas. Pese a la persecución, la tortura y las ejecuciones, lo cierto es que el cristianismo crecía demográficamente en un imperio que retrocedía en ese terreno. Uno de los factores absolutamente esenciales de ese avance había sido la respuesta de las mujeres al Evangelio.

La crítica escéptica ha intentado en ocasiones minimizar esta circunstancia aludiendo a la escasa racionalidad o incluso inteligencia de las mujeres. En otras palabras, si hubo más mujeres que hombres en el seno del cristianismo se debió al

---

23 En este mismo sentido, véanse: A. M. Devine, «The Low Birth-Rate in Ancient Rome: A Possible Contributing Factors», en *Rheinisches Museum,* 128, 3-4, págs. 313-317; T. G. Parkin, *Demography and Roman Society,* Baltimore, 1992; A. E. Boak, *Manpower Shortage and the Fall of the Roman Empire in the West,* Ann Arbor, 1955.

hecho de que las mujeres no se caracterizan por pensar o, simplemente, porque son más estúpidas. Es obvio que semejante argumento resulta ridículo y, por supuesto, ofensivo. Si la clave de las conversiones femeninas hubiera sido la supuesta irracionalidad habrían abarrotado también los templos paganos, lo que, desde luego, no fue el caso. Si, en buena medida, las mujeres se adhirieron al cristianismo fue, ni más ni menos, porque las consideraba seres humanos, porque condenaba su exterminio, porque las equiparaba con los varones, obligando además a estos a adoptar patrones de conducta que aplicaban a ambos por igual como, por ejemplo, el de la fidelidad conyugal, y porque les otorgaba un *status* muy superior al reconocido por el paganismo en terrenos como la vida conyugal, la familia, la viudedad o el culto espiritual. Lamentablemente, esa situación iba a experimentar una trágica mutación en el curso del período histórico al que denominamos Edad Media.

2

LA MUJER ENTRE EL CRISTIANISMO PRIMITIVO Y LA REFORMA

La Patrística

El cristianismo sobrevivió a las persecuciones que se extendieron durante tres siglos, pero en el curso de esa supervivencia su alma original y verdadera quedó profundamente alterada. Jesús se había referido a la cizaña que sembraría el Diablo y cuyos efectos se alargarían hasta su regreso (Mateo 13:24-30 y 36-43) y Pablo había señalado cómo esa acción corruptora comenzaría poco después de su ministerio (Hechos 20:29-31). Ciertamente, la entrada de elementos paganos en el cristianismo se convirtió en extraordinaria desde el momento en que el emperador Constantino decidió utilizarlo como un elemento cohesionador de su imperio. En apariencia, la cercanía del imperio a los antes perseguidos cristianos sólo podía interpretarse en clave positiva. De la noche a la mañana, el imperio construía iglesias con fondos públicos, los obispos eran recibidos por altos dignatarios estatales e incluso percibían notables donaciones, las gentes afluían a las iglesias no involucradas en el desprecio hacia aquella fe sino fascinadas por el hecho de que la familia imperial la apreciara. Todo parecía el cumplimiento de un sueño, incluso la consumación del triunfo del espíritu. La realidad, sin embargo, es que se trataba del inicio de una pesadilla.

Personaje tan poco sospechoso como el cardenal Newman que pasó del anglicanismo al catolicismo romano, reconoció que el cristianismo había sufrido una extraordinaria transfusión de prácticas paganas. Así, en su obra más importante, afirmó:

> «En el curso del siglo cuarto dos movimientos o desarrollos se extendieron por la faz de la cristiandad, con una rapidez característica de la Iglesia: uno ascético, el otro, ritual o ceremonial. Se nos dice de varias maneras en Eusebio (V. Const III, 1, IV, 23, &c), que Constantino, a fin de recomendar la nueva religión a los paganos, transfirió a la misma los ornamentos externos a los que aquellos habían estado acostumbrados por su parte. No es necesario entrar en un tema con el que la diligencia de los escritores protestantes nos ha familiarizado a la mayoría de nosotros. El uso de templos, especialmente los dedicados a casos concretos, y adornados en ocasiones con ramas de árboles; el incienso, las lámparas y velas; las ofrendas votivas al curarse de una enfermedad; el agua bendita; los asilos; los días y épocas sagrados; el uso de calendarios, las procesiones, las bendiciones de los campos; las vestiduras sacerdotales, la tonsura, el anillo matrimonial, el volverse hacia Oriente, las imágenes en una fecha

posterior, quizás el canto eclesiástico, y el Kirie Eleison son todos de origen pagano y santificados por su adopción en la Iglesia» (El énfasis es nuestro)[1] .

El razonamiento final de Newman resulta enormemente discutible ya que sostiene que el veneno —el paganismo— cuando penetra en un medio puro —el cristianismo— en lugar de contaminarlo queda purificado. A decir verdad, la lógica y la experiencia nos enseñan exactamente lo contrario, pero, en cualquiera de los casos, los datos son incuestionablemente obvios. El cristianismo fue objeto de una entrada masiva de prácticas religiosas paganas desde inicios del siglo IV. Sin embargo, Newman —que reconocía esos aspectos ceremoniales— pasó por alto otros que no fueron menos relevantes, que penetraron en el cristianismo y que también procedían de cosmovisiones paganas. Así, fue, por ejemplo, el caso de la visión sobre la mujer y el matrimonio que entró en el cristianismo y que fue extendiéndose por su seno a lo largo de la Edad Media.

Se trató, fundamentalmente, de una visión negativa del sexo y del matrimonio y, como consecuencia, una feroz descripción de la mujer como un ser inmundo, inferior y lamentablemente sexuado. Los dos aspectos caminaron íntimamente entrelazados dando lugar lo mismo a una visión dogmática asexuada vinculada a la figura de María, la madre de Jesús, como a un profundo

---

1   J. H. Newman, *An Essay on the Development of Christian Doctrine*, Londres, 1890, p. 373. *Ensayo sobre el desarrollo de la doctrina cristiana.* Universidad Pontificia de Salamanca, 2009.

desprecio lanzado sobre el matrimonio y la mujer frente a la imposición del celibato sacerdotal.

Ya tuvimos ocasión de ver cómo la visión del judaísmo que consideraba a la mujer ubicada en un plano inferior, desapareció con el Evangelio desde la predicación de Jesús a la de los apóstoles. Así, el reconocimiento de un orden en el seno del matrimonio nunca fue visto como un reconocimiento de la supuesta inferioridad de la mujer sino que fue elevado extraordinariamente al colocarlo a la altura del amor que Cristo siente por su iglesia (Efesios 5:28-33).

De manera bien reveladora y armónica con la enseñanza del Antiguo Testamento, los obispos o ancianos no sólo no practicaban el celibato o se mantenían solteros, sino que eran personas casadas y con hijos. Esa situación de vida matrimonial era tan común que, de hecho, era prácticamente impensable que un obispo no estuviera casado. Así, el que un obispo mantuviera a sus hijos en el camino del Evangelio era condición indispensable para poder regir una congregación (I Timoteo 3:4-5; Tito 1:5-6). Semejante circunstancia era tan obvia que el propio Pablo —que no estaba casado, aunque pudo haberlo estado con anterioridad a su apostolado— señaló como una excepción personal el que, a diferencia de los otros apóstoles, no fuera acompañado por su esposa en sus tareas misioneras (I Corintios 9:5).

En conjunto, esta visión resultaba extraordinariamente armónica. El hombre y la mujer, con las limitaciones que se deseen, podían recuperar una unión rota trágicamente por la Caída y, en un mundo sumido en el pecado, tenían la posibilidad de sentir esa comunión sublime y mutua para la que Dios creó a los dos sexos. Como tantos aspectos del cristianismo original también éste se vería alterado de manera esencial por la influencia pagana.

En contra de una idea muy extendida, el paganismo no sólo estaba representado por una corriente de profunda inmoralidad que incluía prácticas como el adulterio, la homosexualidad o la paidofilia. También abrigaba en su interior corrientes ascéticas que insistían en dietas estrictas o en prohibir el matrimonio para los considerados perfectos. A decir verdad, en el Nuevo Testamento ya nos encontramos con esas asechanzas contra el cristianismo que son vivamente rechazadas. Aparecen aquellos falsos maestros que dicen «no gustes, no toques, no palpes» (Colosenses 2:21-23), los que prohíben ciertos alimentos y los que convierten en prohibido el casarse (I Timoteo 4:3)[2]. Ciertamente, no era algo nuevo que se limitara al siglo I d. de C. A decir verdad, pitagóricos, órficos, gnósticos y maniqueos defendieron distintas formas de ascetismo por varios siglos y no debe sorprendernos que Pablo las calificara como «doctrinas de demonios». Semejante negación de la creación, de su capacidad generadora, de la armonía entre sexos impulsada por el Creador no podía venir sino de los archienemigos de Dios. El

---

2 Hemos abordado esta cuestión previamente en obras como *Los evangelios gnósticos*, Barcelona, 1991 y, muy especialmente, en *En las raíces de la nueva era*, Miami, 1996.

que el cristianismo aceptara esos elementos en su seno y los convirtiera además en marca de superioridad espiritual constituye una de las grandes tragedias de la Historia, tragedia que se extendió como un reguero de pólvora a partir de Constantino, pero que, como Pablo advirtió, era una realidad ya en el siglo II. Los ejemplos, al respecto, son abundantes.

Uno de los primeros personajes en que se percibe el abandono de la cosmovisión bíblica y su sustitución por categorías paganas es Clemente de Alejandría[3]. Nacido en Atenas, en el seno de una familia adinerada, a mediados del siglo II, Clemente fue un hombre educado en la filosofía pagana que buscó un maestro cristiano que pudiera enseñarlo y creyó haberlo encontrado en la persona de Panteno en Alejandría. Presentado convencionalmente como el primer filósofo cristiano, Clemente se convertiría pronto en un ejemplo de hasta qué punto podía lograrse una fusión sincrética entre la filosofía pagana con el cristianismo. Quizá su discípulo más brillante fue Orígenes[4] que no sólo deformó totalmente el contenido del Evangelio introduciendo categorías paganas, sino que llegó a castrarse como una manera de preservar la castidad.

Partiendo de la base de que la castidad total era la meta del cristiano y de que la mujer es un ser que tienta al hombre, Clemente de Alejandría, pervirtiendo el texto paulino, pudo enseñar que las

3 Acerca de Clemente de Alejandría y su obra, con bibliografía, véase: «Clemente de Alejandría» en *Diccionario de Patrística*, Estella, 1993.
4 Acerca de Orígenes y su obra, con bibliografía, véase: «*Orígenes*» en C. Vidal, *Diccionario de Patrística*, Estella, 1993.

mujeres que acompañaban a los apóstoles no eran sus esposas sino sirvientas que realizaban las funciones de las amas de casa[5]. No podía ser de otra manera, porque, según Clemente, «le es vergonzoso a una mujer pensar sobre la naturaleza que tiene»[6]. A fin de cuentas, según Clemente, «toda mujer debería enrojecer de vergüenza sólo de pensar que es mujer»[7]. Que Clemente estaba convencido de esa especial peligrosidad de las mujeres es indudable. En su *Pedagogo*, dedica todo el libro segundo y parte del tercero a señalar los vestidos, aderezos, conductas públicas y un largo etcétera que jamás debían relacionarse con cristianas. De manera bien significativa, no existe un paralelo semejante a la hora de hablar de los varones. A éstos se les exime incluso del baño por limpieza posiblemente porque su cuerpo no era tan inmundo como el de la mujer. Al fin y a la postre, Clemente no hacía otra cosa más que absorber los prejuicios paganos hacia la mujer proporcionándoles una supuesta base cristiana y lo hacía pocas décadas después de la muerte del último apóstol.

La posición de Clemente ni fue excepcional ni se limitó a la zona oriental del imperio romano. En el extremo occidental y de manera coetánea, Tertuliano[8] transitó en la misma dirección. Nacido también a mitad del siglo II y fallecido a mediados del siguiente, Tertuliano era hijo de un centurión

---

5 *Stromata* 3, 6, 53.
6 Citado en J. J. López Ibor, *El libro de la vida sexual*, Barcelona, 1974. p. 62.
7 Idem, Ibidem.
8 Acerca de Tertuliano y su obra, con bibliografía, véase: «*Tertuliano*» en C. Vidal, *Diccionario de Patrística*, Estella, 1993.

romano y estuvo también empapado de cultura pagana. Su latín resulta sorprendente por la manera en que pretendió conservar un sabor clásico, pero llegó también a escribir tres libros en griego de los que ninguno ha llegado hasta nosotros. Es posible —no del todo seguro— que practicara la abogacía. Sí sabemos que estaba casado cuando fue ordenado presbítero (anciano) de una congregación. Faltaban siglos para que el celibato fuera obligatorio, pero aun así Tertuliano ya aparece contaminado por una corriente ascética que choca con las enseñanzas de la Biblia. Por ejemplo, se oponía a que los viudos pudieran contraer matrimonio y recomendaba a los que habían experimentado «la feliz muerte de un cónyuge» que aprovecharan la ocasión para suprimir los impulsos sexuales y no volver a casarse. No puede sorprender que con esa visión, una vez más, la mujer fuera contemplada bajo una luz negativa. De manera bastante clara —aunque más que discutible desde una perspectiva bíblica— Tertuliano afirmó:

> «¿Y no sabes que eres una Eva? La sentencia de Dios sobre tu sexo sigue perdurando en esta era: necesariamente la culpa debe también persistir. Tú eres la puerta del demonio. Eres la que rompió el sello de aquel árbol prohibido. Eres la primera que abandonó la ley divina. Eres la que convenció a aquel a quien el Diablo no tuvo el valor suficiente de atacar. De esa manera tan fácil destruiste la imagen de Dios que es el hombre. A causa de tu deserción tuvo que morir incluso el Hijo de Dios».[9]

9　De cultu feminarum 1, 1.

Partiendo de esa base, no sorprende que sostuviera que la mujer es «la puerta del Diablo» —una frase que haría fortuna— y que «es peligrosa para los que la miran». Obsesionado, como Clemente de Alejandría y muchos otros, por sostener una vida asexuada era lógico que viera en la atracción natural hacia la mujer un odioso problema. Tampoco debería sorprender que Tertuliano se pasara en un momento dado a un grupo tan rigorista como los montanistas[10] y que incluso acabara escindiéndose de éstos para constituir un colectivo aún más rígido moralmente. Agustín de Hipona —que tanto coincidía con él en la visión de la mujer y de la sexualidad— afirmaría tiempo después que Tertuliano había regresado poco antes de morir al seno de la iglesia principal, pero la afirmación es de más que dudosa veracidad histórica.

A decir verdad, los padres de la iglesia más ilustres mostraron una imagen de la mujer absolutamente negativa y cuesta no ver en ello una repulsa apenas inconsciente hacia un ser que los tentaba —algo totalmente natural— y frente al que fueron multiplicando las muestras de horror. Esa situación —espiritualmente patológica y profundamente anti-bíblica— se agravó con la entrada masiva de paganos en el seno del cristianismo. Por desgracia, de esa visión profundamente negativa del sexo y de la mujer no se librarían los teólogos más ilustres. A decir verdad, ese comportamiento sería más que notable en ellos proporcionando una apariencia de legitimidad a lo que

---

10 Acerca de Montano y los montanistas, con bibliografía, puede consultarse César Vidal, *Diccionario histórico del cristianismo*, Estella, 1999.

sólo era una penosa paganización de la visión bíblica de la sexualidad y de la mujer. En las próximas páginas, me limitaré a citar sólo algunos de los ejemplos más notables.

Fue, por ejemplo, el caso de Jerónimo[11] (c. 340–420). Famoso especialmente por su traducción de la Biblia al latín conocida como la *Vulgata*, Jerónimo fue el referente bíblico de toda la Edad Media y, en el caso de la iglesia católica, hasta el siglo XX. El Concilio de Trento declaró la *Vulgata* en 1546 como traducción católico-romana oficial y —además— impulsó la exégesis de las Escrituras realizada por Jerónimo durante siglos. Su talento fue indudable. Lamentablemente, no lo fue menos su visión, profundamente viciada, de la sexualidad y de la mujer.

Deseoso de perfeccionarse espiritualmente, Jerónimo decidió retirarse al desierto sirio de Quinnasrin o Calcis, al suroeste de Antioquía. La descripción de su experiencia en este lugar resulta altamente reveladora:

«Yo, que por temor del infierno me había impuesto una prisión en compañía de escorpiones y venados, a menudo creía asistir a danzas de doncellas. Tenía yo el rostro empalidecido por el ayuno; pero el espíritu quemaba de deseos mi cuerpo helado, y los fuegos de la voluptuosidad crepitaban en un hombre casi muerto. Lo recuerdo bien: tenía a veces que gritar sin descanso todo el día y toda la noche. No cesaba de herirme el pecho. Mi celda me inspiraba un gran temor, como si fuera cómplice de mis

---

11 Acerca de Jerónimo y su obra, con bibliografía, véase: C. Vidal, *Diccionario de Patrística*, Estella, 1993.

obsesiones: furioso conmigo mismo, huía solo al desierto...».[12]

Si Jerónimo hubiera conocido la Biblia, seguramente habría recordado el pasaje de Colosenses 2:21-23 que señala que ese tipo de ascesis puede proporcionar un cierto aspecto de santidad externa, pero, en realidad, no sirve de nada frente a los impulsos de la carne. Lamentablemente y no sólo para Jerónimo, no fue el caso. De hecho, Jerónimo, seguramente, pretendía vivir de manera casta, pero la ascesis mucho más pagana que cristiana sólo tuvo como resultado que incluso la visión cercana de bestias le recordara la voluptuosidad de las mujeres. Es una declaración que no puede pasarse por alto si se desean comprender sus enseñanzas.

En un paso ulterior de su carrera espiritual, Jerónimo se trasladó a Roma donde se convirtió en el guía espiritual de un grupo de mujeres pertenecientes a la aristocracia. Entre ellas destacaban viudas como Marcela y Paula, madre de la joven Eustoquio al que Jerónimo escribiría una carta mostrándole las virtudes de la virginidad perpetua. La situación de superioridad sobre las nobles romanas no tardó en provocar la envidia de los clérigos y no pocas calumnias. Algunas de estas damas lo acompañarían después en distintos viajes.

Jerónimo fue forjando una teología sobre la sexualidad y la mujer cuyas raíces se hundían en visiones paganas a la vez que colisionaban con la

---

12 Carta XXII «*A Eustoquio*».

enseñanza de la Biblia. Por ejemplo, escribiendo *Contra Joviniano* afirmó:

> «El placer por la carne era desconocido hasta el diluvio universal; pero desde el diluvio se nos han embutido las fibras y los jugos pestilentes de la carne animal... Jesucristo que apareció cuando se cumplió el tiempo, volvió a unir el final con el principio, de manera que ya no nos está permitido comer más carne (...) Y por eso os digo, si queréis ser perfectos, entonces es conveniente no comer carne». [13]

La afirmación de Jerónimo constituía un verdadero dislate teológico. De entrada, las relaciones sexuales entre hombre y mujer formaban parte del propósito de Dios antes de la Caída y en una creación que era completamente buena (Génesis 1: 26-28) y, por supuesto, el cristianismo había significado una dignificación aún mayor de esa especial relación entre hombre y mujer.

Naturalmente, Jerónimo era consciente de que, por mucho que insistiera en la perfección de la virginidad perpetua, la simple supervivencia de la especie deriva de que hay hombres y mujeres que tienen hijos. Eso estaba dispuesto a aceptarlo Jerónimo a regañadientes, pero con condiciones como que el esposo no sintiera deseo hacia su mujer. En su *Contra Joviniano*, Jerónimo afirma así que «El hombre prudente debe amar a su esposa con fría determinación, no con cálido deseo (...) Nada más inmundo que amar a tu esposa como si fuera tu amante».

Sustituir el deseo —hermoso componente de la vida conyugal como puede verse en el bíblico

13 *Adversus Jovinianum* 1,18 y 2,6.

Cantar de los cantares— por la «fría determinación» y aceptar que sentirse atraído sexualmente por la esposa es lo más inmundo en lo que se puede pensar expresa claramente la teología de Jerónimo sobre la sexualidad, el matrimonio y la mujer, pero en esa teología resulta imposible encontrar un resquicio de la enseñanza bíblica sobre estos temas.

No puede sorprender que Jerónimo realizó comentarios bien desagradables sobre la mentruación a pesar de ser un proceso natural. Tampoco sorprende que Jerónimo fuera uno de los primeros defensores de la tesis de que María fue perpetuamente virgen, una tesis desmentida por la Biblia y que sólo se fue imponiendo de la mano de un creciente desprecio —cuando no horror manifiesto— hacia la mujer y la sexualidad.

Las posiciones teológicas de Jerónimo podían, en su tiempo, resultar agradables a viudas nada deseosas de volverse a casar —lo que permite sospechar cómo fue su matrimonio— y madres de hijos a los que deseaban perpetuamente vírgenes. No vamos a entrar en las diferentes patologías psicológicas que podían aquejar a estas personas, pero no es difícil intuir las raíces paganas de semejante visión. A la vez, resulta penosa la manera en que estas enseñanzas influyeron en la vida eclesial y en la de miles de personas que pretendían ser cristianas.

Otro ejemplo de esta impregnación de valores paganos en personajes de relevancia en el seno del cristianismo es el de Juan Crisóstomo[14] cuya

---

14 Sobre Juan Crisóstomo, véase César Vidal, *Diccionario de Patrística*, Estella, 1993.

vida presenta llamativos paralelos con la de Jerónimo. Hijo de un alto oficial del ejército, Juan nació en Antioquía en el 347. La muerte de su padre al poco de nacer y la circunstancia de que su madre fuera cristiana seguramente impulsaron que abrazara esta fe bautizándose en el 370. No lo fue menos que estudiara con Andragatio y con Libanio que, por cierto, era un ardiente defensor de un paganismo en franca retirada, aunque no sin impregnar poderosamente al cristianismo.

En torno al año 375, Juan inició una trayectoria como eremita —igual que Jerónimo— que lo llevó a entregarse a un ascetismo extremo. La experiencia resultó muy dura para Juan que acabó abandonando este tipo de vida. Sin embargo, pocos años después comenzó una carrera eclesiástica en la que no tardó en hacerse popular dada su elocuencia y en alcanzar el episcopado. Fue la época en que comenzó a ser llamado Crisóstomo, es decir, boca de oro. En la actualidad, se suele mencionar en su contra las ocho homilías del año 387 pronunciadas contra los judíos. En las mismas, se afirma, por ejemplo, que las sinagogas son casa de demonios, aunque no haya imágenes de los mismos o que Dios siempre ha odiado a los judíos. Mucho menos ha llamado la atención la visión profundamente negativa de la sexualidad y de la mujer sostenida por este Padre. Por ejemplo, Crisóstomo atacó los lujos de la corte —y no sin razón— pero cargó especialmente las tintas contra las mujeres lo que provocó la inquina de la emperatriz de Bizancio. Al fin y a la postre, en el año 403, en el denominado Concilio de la Encina,

Juan Crisóstomo fue depuesto sin que semejante medida pudiera ser impedida por el obispo de Roma que simpatizaba con él. En el 407, murió mientras se dirigía a un lugar de destierro localizado en el Cáucaso.

Como en el caso de Jerónimo, Juan Crisóstomo podía ser brillante y, a la vez, mantener en su interior no pocos de los prejuicios procedentes de un paganismo en el que se había educado. Su visión del ascetismo —que, como Jerónimo, intentó practicar de manera infructuosa— inyectó también en él una visión negativa de la sexualidad —un impulso natural que contradecía sus deseos— y de la mujer que era, claramente, un aspecto tentador y, por eso mismo, odioso y que había que combatir.

Juan Crisóstomo no dudó así en afirmar que «la mujer no es otra cosa salvo una enemiga de la amistad, un castigo inevitable, un mal necesario, una tentación natural, una calamidad deseable, un peligro doméstico, un detrimento agradable, una naturaleza burda pintada con hermosos colores»[15]. La definición difícilmente podría resultar más clara. La mujer resulta atractiva, pero, precisamente en ese atractivo, queda de manifiesto todo lo horrible de su naturaleza. Lo más que se puede aceptar es que es un mal necesario, definición que, ciertamente, haría fortuna hasta el día de hoy.

Ese mal necesario sería también definido por Juan Crisóstomo con claridad al afirmar que «Entre todos los animales salvajes no se puede

____

15 John Chrysostom, Discourse 4 on Genesis, P.G. 54. 594.

encontrar uno tan dañino como la mujer»[16]. Igualmente, sostendría opiniones como la que relacionan directamente el matrimonio con el mal. Así, Crisóstomo afirma:

> «¿Percibes el origen del matrimonio? ¿Por qué parece ser necesario? Brota de la desobediencia, de una maldición, de la muerte. Porque donde está la muerte, allí está el matrimonio. Donde una no existe, tampoco está el otro».[17]

Apenas se puede encontrar en sus obras *Sobre la virginidad*, A Teodoro el monje, *Sobre evitar la fornicación* y *Sobre el matrimonio* rastro de la visión bíblica de la compañía, la armonía entre los sexos y la unión entre un hombre y una mujer inspirados por Dios. Aunque Crisóstomo, en ocasiones, fue un interesante expositor de la Biblia no es menos cierto que la descripción bíblica del amor entre un hombre y una mujer es pervertida. Así Crisóstomo declaró que «sólo después del pecado el hombre se vio cargado con la esclavitud del matrimonio».[18] La distancia de lo enseñado por la Biblia —pero no del mundo pagano— era ciertamente espectacular.

Con todo, el personaje que más influiría en esa visión negativa de la sexualidad y de la mujer sería, sin duda, Agustín de Hipona[19]. La figura de Agustín de Hipona (354-430) resulta extraordinariamente importante en la Historia de la filosofía

16 John Chrysostum, *Discourse 2 on Genesis* P.G. 54:589.

17 John Chrysostom, On Virginity, 14.6, New York, 1983, 22.

18 On Virginity, 41, EPE 29, 579-580; Also "To Theodore the Monk", 5, EPE 28, 737-738.

19 Acerca de Agustín de Hipona y su obra, con bibliografía, véase: César Vidal, *Diccionario de Patrística*, Estella, 1993.

y de la teología y no puede negarse la manera en que marcó el curso del cristianismo en los siglos posteriores. En Agustín, confluyeron diversos aspectos que no pudieron dejar de influir en su visión negativa de las mujeres y de la sexualidad. De entrada, Agustín había sido maniqueo, una secta de carácter gnóstico, procedente de Oriente donde la perfección espiritual era identificada con la ausencia de relaciones sexuales. De hecho, los denominados elegidos —la casta superior dentro del maniqueísmo— ni se casaban ni mantenían relaciones sexuales ni consumían carne.

Unos inicios espirituales así bastarían para apreciar la repulsión de Agustín hacia el sexo y hacia la mujer que, a fin de cuentas, era la que constituía la tentación sexual. Pero es que, por añadidura, Agustín mantuvo una promiscua vida sexual desde la adolescencia hasta los treinta años, convivió después sin estar casado con una mujer de la que tuvo un hijo y a la que no dudó en abandonar fundamentalmente porque pertenecía a una clase social inferior a la suya[20] y mientras estaba a la espera de contraer un nuevo matrimonio con una mujer de su condición tomó una amante porque le resultaba imposible mantenerse sin tener relaciones sexuales por dos años. Agustín vivió el sexo de una manera dual en la que lo mismo encontraba el placer que la culpa, la dicha que el pesar, el disfrute que el pecado. En ningún caso, fue una vivencia de la sexualidad y de las mujeres armoniosa, plena y espiritual como la

---

20 Una interesante visión novelada de este episodio en J. Gaarder, *Vita brevis*, Madrid, 2005.

que aparece en la Biblia. Al fin y a la postre, para Agustín, el sexo se convirtió en algo bajo y censurable a la vez que, muy posiblemente, en una tentación que se extendió durante años encerrada en cuerpo de mujer. Precisamente partiendo de esas experiencias, no sorprende que pudiera escribir en su obra *De Trinitate* que «nada rebaja tanto la mente del varón de su altura como el acariciar mujeres y esos contactos corporales que pertenecen al estado del matrimonio». La cita es de una gravedad sustancial porque no sólo denigra las relaciones sexuales sino porque no realiza excepción alguna incluso si esas relaciones tienen lugar dentro del matrimonio. No cuesta deducir las consecuencias claramente negativas desde el punto de vista siquiera de la ética que se desprendieron del hecho de que Agustín fuera ser el teólogo de referencia de Occidente durante siglos.

En la que quizá es su obra más importante, *La ciudad de Dios*, esa visión negativa de la mujer quedó todavía más subrayada al afirmar Agustín: «Es de Eva, de la tentadora, de quien debemos tener cuidado en toda mujer... No logro ver qué utilidad puede tener la mujer para el hombre si se excluye la función de concebir hijos».[21] Naturalmente, esa circunstancia se debía a la Caída porque, según Agustín, «si nuestros primeros padres no hubieran pecado, habrían tenido hijos de alguna otra manera, sin coito físico».[22] La afirmación resulta lamentable porque Agustín no había sido, precisamente, un hombre que nunca

---

21 *La ciudad de Dios*, 14, 11.
22 *El bien del matrimonio*, II, 2.

hubiera tenido relaciones íntimas con una mujer. Sin embargo, tras vivir la pasión, las contemplaba con horror hasta el punto de considerar que las relaciones sexuales tenían valor únicamente como medio para tener hijos. Agustín, como otros antes y después, estaba situado a una inmensa distancia de la enseñanza contenida en la Biblia. Así, en *El bien del matrimonio*, Agustín llega a afirmar:

«En el matrimonio, las relaciones sexuales con el propósito de la procreación no implican falta, pero si la causa es la satisfacción de la concupiscencia, siempre que sea con la esposa, a causa de la fidelidad conyugal, es un pecado venial mientras que el adulterio o la fornicación son pecados mortales. Y así la abstención de toda relación sexual es ciertamente mejor que las relaciones sexuales en el matrimonio que tiene lugar con la finalidad de tener hijos».[23]

La misma mujer, según Agustín, queda malparada en la comparación con un varón y su creación es justificada por la procreación:

«Si la mujer no fue creada para ayudar al hombre en la generación de los hijos, ¿para qué ayuda fue creada? No fue para trabajar la tierra, pues aún no existía trabajo que necesitara ayuda (en el paraíso), y, si necesitaba ayuda, mejor le hubiera sido la de un varón. Esto mismo puede decirse del solaz, si tal vez la soledad le apesadumbrase. Pues ¿cuánto más conveniente no es para convivir y hablar la reunión de dos amigos que la compañía del hombre y la mujer? Pero sí convenía vivir juntos como dos

---

23 *El bien del matrimonio*, 6.

amigos, el uno mandando y el otro obedeciendo para que las voluntades contrarias no perturbasen la paz de los cohabitantes, no hubiera faltado un orden para conservarla, teniendo en cuenta que primero existió uno y después otro, sobre todo si el último fuera creado del primero, como lo fue la mujer. ¿O dirá alguno que Dios, si hubiera querido, no hubiera podido hacer de la costilla del hombre un varón, sino solamente una mujer? Por lo tanto, no encuentro para qué ayuda del hombre fue hecha la mujer, si prescindimos del motivo de dar a luz a los hijos».[24]

O aquella que sostiene que «es bueno casarse porque es bueno tener hijos, ser madre de familia, pero es mejor no casarse».[25]

Al contemplar estas afirmaciones —nada moderadas ni matizadas— poco puede dudarse de que la teología de Agustín de Hipona —brillante en otros aspectos— era abiertamente contraria a la mujer y a la sexualidad, especialmente, tal y como ambos aspectos aparecen recogidos en las Escrituras.

Si más que discutible es esta enseñanza de Agustín no es menor la que sostiene que «Hay también un orden natural en los seres humanos, de modo que las mujeres sirvan a sus maridos y los hijos a sus padres. Porque también en esto hay una justificación, que consiste en que la razón más débil sirva a la más fuerte. Hay, pues, una clara justificación en las dominaciones y en las

----

24 De Gen. ad litt. IX,5,9. CSEL 28/1,273. Sobre el tema, véase: P. A. Gaësse-A. Solignac, "La femme, la sexualité et le mariage, De Genesi", en Bibliothèqueaugustinienne 49, Paris 1972, 516-530. 19.
25 *El bien del matrimonio*, 9.

servidumbres, de modo que quienes sobresalen en la razón, sobresalgan también en el dominio».[26]

Agustín de Hipona no sólo abordó de pasada temas como la mujer y la sexualidad sino que, en realidad, le dedicó de manera exclusiva alguna de sus obras. Algo después del año 412, escribió un tratado *Acerca de la continencia* donde sostiene que el sexo tiene como única finalidad la procreación.[27] En su tratado *Sobre Génesis*[28], señaló que las relaciones entre Adán y Eva fueron sólo espirituales y que cambiaron a carnales «después del pecado», razón por la cual «deberíamos condenar esta generación carnal».

La teología de Agustín de Hipona —ciertamente, notable en otros aspectos— no pasaba de ser una lamentable perversión de la enseñanza de la Biblia en lo que a la mujer y a la sexualidad se refiere. La visión escritural centrada en la compañía, el amor y la unión sexual de dos seres creados a imagen y semejanza de Dios se veía sustituida por otra en la que se entremezclaban elementos del derecho romano —que consideraba a la mujer un ser inferior sometido al paterfamilias— y del ascetismo helenista y oriental que miraba la ausencia de sexo como una meta espiritual y, por tanto, repudiaba a las mujeres como focos de tentación y peligrosos obstáculos para alcanzar la perfección.

Semejante visión —insistamos en su carácter pagano y distante del cristianismo— se fue radicalizando con el paso del tiempo de tal manera que,

---

26 Quaest. in Hept. 1,153. CCL 33,59:
27 *Acerca de la continencia* 12, 27.
28 *Sobre Génesis* I, 19.

en sus últimos años, Agustín de Hipona sostenía que el sexo debía estar ausente del matrimonio salvo que tuviera como finalidad la procreación. Fuera de esa meta constituía un pecado y ciertamente uno grave.

Resulta bien revelador observar las ideas que se habían infiltrado en el cristianismo ya a partir de la muerte del último apóstol y de forma aún más clara tras el final de la persecución y la cercanía con el poder imperial. El cristianismo pudo ser un foco de luz que alumbrara un mundo en el que era común el desprecio hacia la mujer, en que el matrimonio en no pocas ocasiones nacía más de conveniencias personales que del amor entre los cónyuges y en el que la idea de que existía una realidad espiritual que superaba el ser hombre o mujer resultaba simplemente imposible. Sin embargo, el cristianismo perdió esa ocasión histórica de ser sal y luz gracias a sus clérigos y, de manera especial, a sus teólogos no pocas veces canonizados. Por el contrario, absorbió visiones paganas, las dotó de legitimidad maquillándolas como si fueran cristianas y condenó a la desgracia a multitud de generaciones privadas de las enseñanzas bíblicas sobre la sexualidad y la mujer. Sin embargo, en pleno siglo V, lo peor estaba por venir.

La mujer y la Escolástica

Aunque desde Clemente a Agustín de Hipona —pasando por Orígenes, Juan Crisóstomo y Jerónimo— resulta evidente el peso de cosmovisiones paganas en el cristianismo la gran absorción de la filosofía pagana tendría su mayor protagonista ya en la Alta Edad Media en la figura de Tomás de Aquino.[29] De hecho, de la misma manera que los Padres anteriores a él habían absorbido elementos tomados de la gnosis y del estoicismo, Tomás de Aquino utilizaría la obra de Aristóteles como armazón de su cosmovisión teológica. A decir verdad, al igual que la teología de la liberación en el siglo XX se valió del marxismo para construir su engranaje ideológico vinculado al catolicismo, Tomás de Aquino llevó a cabo una acción semejante a partir del aristotelismo. Sin embargo, a diferencia del origenismo, de la Teología de la liberación e incluso de las obras de Agustín de Hipona, Tomás de Aquino mantuvo su influencia a lo largo de los siglos. Tanto la Inquisición —creada para aniquilar a los disidentes y sembrar el pánico entre los católicos—[30] como el concilio de Trento —concebido como un instrumento de combate contra la Reforma— encontraron sus bases respectivas en Tomás de Aquino. En el siglo de la Reforma, el papa Pío V lo nombró doctor de la iglesia convirtiéndolo en innegable referente mientras que proclamaban su admiración por él personajes como Ignacio de Loyola, fundador de los jesuitas; Juan de la Cruz, una dc las figuras cimeras del misticismo católico, muy influido por los sufíes musulmanes; el cardenal Cayetano, Francisco de Vitoria y Domingo de Soto. Su peso inmenso en el Concilio de Trento explica que en el siglo XVII entre sus grandes valedores

---

29 Sobre Tomás de Aquino y su obra, con bibliografía, véase: César Vidal, *Diccionario histórico del cristianismo*, Estella, 1999.

30 Sobre el tema y, en especial, con referencia a las fuentes, véase César Vidal, *La Historia secreta de la iglesia católica en España*, Madrid, 2014.

se encontraran el furibundamente anti-protestante Francisco de Sales, Francisco de Suárez y Domingo Báñez. El avance de la Reforma desde el siglo XVI y de otras visiones filosóficas desde el siglo XVIII redujeron la influencia de Tomás de Aquino más allá de la iglesia católica, pero aun así fue especialmente recomendado por papas como León XIII, Pío X, Pío XI y Juan Pablo II y por santos católicos como Alfonso María de Ligorio. Semejante entusiasmo no deja de tener aspectos chocantes en la medida en que Tomás de Aquino rechazó posiciones teológicas como la de la inmaculada concepción[31] —que no sería dogma hasta finales del siglo XIX— que sostiene que María nació sin marca del pecado original. Ciertamente, la relevancia de Tomás de Aquino decreció poderosamente tras el Concilio Vaticano II, pero no puede negarse que su peso en la teología católica fue extraordinario durante más de medio milenio. De hecho, a su canonización en 1323, siguió su declaración como doctor de la iglesia en 1567 y su nombramiento como santo patrón de las universidades y de los centros de estudio católicos en 1880.

Ciertamente, con independencia del juicio que se formule sobre su contenido, su *Summa Theologica* y, en menor medida, su *Summa Contra Gentiles* son hitos de la historia de la teología y de la filosofía en la medida en que intentan defender el edificio del catolicismo romano existente en el siglo XIII tomando como arma fundamental la

---

31 Una discusión sobre este dogma con citas de Tomás de Aquino que lo rechazaba puede consultarse en César Vidal, *The Myth of Mary*, Chino, 1995.

filosofía del griego Aristóteles. Dado que el filósofo helénico defendía, entre otras posiciones, la de la inferioridad de la mujer o la licitud de la esclavitud no sorprende las visiones al respecto de Tomás de Aquino ni su persistencia en la iglesia católica durante siglos. Así, por ejemplo, Tomás de Aquino, siguiendo a Aristóteles, pudo afirmar que «la esclavitud entre los hombres es natural porque algunos son por naturaleza esclavos»[32].

Al influjo de la filosofía aristotélica hay que añadir que Tomás de Aquino fue una persona cuya existencia se desarrolló desde los cinco años en el interior de un monasterio, circunstancia que poco podía ayudar a una comprensión normal del mundo, de la mujer o de la sexualidad. La mujer —y no resulta extraño en semejante ambiente— sólo podía ser la gran desconocida y la gran temida como personaje que podía despertar pasiones. Semejante circunstancia es dramática en una vida particular, pero cuando se irradia sobre toda una confesión religiosa se convierte en una tragedia de alcance sobrecogedor.

Al respecto, las enseñanzas de Tomás de Aquino difícilmente hubieran podido ser más claras. Para Tomás de Aquino, la mujer es un «ser endeble y defectuoso»[33] y, de hecho, «Considerada en relación con la naturaleza particular, la mujer es algo imperfecto y ocasional. Porque la potencia activa que reside en el semen del varón tiende a producir algo semejante a sí mismo en el género

---

32 Al respecto, véase *S. Th Sobre la justicia*, Quest. 57-62.
33 S. Th 1 q.92 a. 1; Idem II-IIq. 151 a.3 ad. 2 *y Summa contra gent.* III, 123.

masculino. Que nazca mujer se debe a la debilidad de la potencia activa, o bien a la mala disposición de la materia, o también a algún cambio producido por un agente extrínseco, por ejemplo los vientos australes, que son húmedos, como se dice en el libro *De Generat Animal*».[34] De hecho, la mujer «sólo es necesaria para la reproducción»[35]. Poco puede sorprender que, partiendo de esas bases, Tomás de Aquino llegara a afirmar que «el padre tiene que ser más amado que la madre y merece un respeto mayor porque su participación en la concepción es activa y la de la madre es simplemente pasiva y material»[36]. Como era de esperar, semejante desprecio a la mujer venía acompañado del horror hacia las relaciones sexuales. Tomás de Aquino, más que posiblemente influido por Agustín de Hipona, no pudo dejar de pensar que el sexo en el seno del matrimonio era una fornicación legalizada y no dudó en afirmar que «un matrimonio sin relaciones sexuales es más santo»[37].

A la luz de estos hechos hay que reconocer, a fin de cuentas, que la distancia entre la enseñanza de la Biblia y las de Tomás de Aquino es abismal. La consideración del ser humano como varón y hembra creados a imagen y semejanza de Dios se disolvió en Tomás de Aquino frente a la idea de una inferioridad natural de la mujer; la desaparición de barreras entre hombre y mujer en Cristo se

---

34 S. TH 1 q.92, a.1.
35 S. Th Suppl. Q. 52 a. 1 ad 2 y S. Th II-II q. 70 a. 3.
36 S. Th II-II q. 26 a. 10; Idem I q 99 a 2 ad 2; S Th. Suppl q. 64 a 5 ad 2; S. Th Suppl. Q. 49ª. 4 ad 4; S. th II-II q. 56 a. 1. Ver también: Summa contra gent. III, 122; Summa contra gent. III. 123.
37 In IV Sent. d. 26, 2, 4.

transformó en Tomás de Aquino en una declaración de inferioridad de la mujer que abarcaba incluso su papel en la reproducción en una afirmación frontalmente contraria a la ciencia y el gozo de la sexualidad instituido por Dios antes de la caída se vio rebajado al nivel de fornicación legalizada que los cónyuges harían bien incluso en evitar. Quizá no cabía esperar algo mejor de alguien que pasó su vida en conventos y que aceptaba de manera acrítica las afirmaciones de la filosofía de Aristóteles, pero las consecuencias espirituales y humanas de esta visión resultaron horrendas.

Como era de esperar, semejante concepción tuvo efectos colaterales como el de incidir en la supuesta superioridad espiritual de los clérigos y monjes —a fin de cuenta célibes obligatorios— sobre los casados y la insistencia en la virginidad perpetua de María, la madre de Jesús, a la que, sin embargo, Tomás de Aquino no consideró libre del pecado original. A ello se añadió una visión de la mujer verdaderamente denigrante y un rechazo sistemático de las relaciones sexuales que, incluso en el matrimonio, eran vistas de manera negativa considerándose su supresión como algo beneficioso espiritualmente.

Sobre esa base, no debería sorprender que, más allá de la figura totalmente asexuada de la madre de Jesús y algunas santas aisladas, generalmente empeñadas en ser vírgenes de por vida, la visión de la mujer resultara negativa y que, por ejemplo, la práctica de la brujería quedara circunscrita de manera casi total al sexo femenino.

Las consecuencias de semejante visión implicaron un horror que no puede ser minimizado. Así, en 1578, Francisco Peña, al reeditar el *Manual de inquisidores*, redactado a finales del siglo XV por Nicolau Eymerich, dejó constancia de que «hay que recordar que la finalidad primera de los procesos y de la condena a muerte no es salvar el alma del acusado sino procurar el bien público *y aterrorizar a la gente (ut alii terreantur)*... No hay ninguna duda de que instruir y *aterrorizar a la gente* con la proclamación de las sentencias y la imposición de los sambenitos sea una buena acción»[38]. Objetivo notable de ese propósito consciente de inyectar el terror en una sociedad eran precisamente las mujeres. Así, los dominicos Heinrich Kramer y Jacob Sprenger, autores del *Malleus Maleficarum* (*Martillo de brujas*) *no* dudaron en afirmar que «la mujer es un enemigo adulador y secreto. Y cuando decimos que es más peligrosa que una trampa no queremos dar a entender una trampa como las que utilizan los cazadores sino diabólica... Y cuando se dice que su corazón es una red se trata de una referencia a la maldad insondable que la gobierna». Poco puede sorprender que las quemas de brujas se extendieron en algunas naciones católicas hasta el final del siglo XVIII, precisamente cuando ya habían desaparecido por completo de otras partes del mundo. Ni que decir tiene que las razones por las que el Diablo prefería tener siervas en lugar de siervos eran, fundamentalmente, la maldad esencial del sexo femenino.

---

38 Citado por B. Bennasar, *Inquisición española: poder político y control social*, Barcelona, 1981, pp. 94-95. Las cursivas son suyas.

Pero ¿realmente se puede aceptar que la mujer está mejor dotada para servir a Satanás que el hombre?

Si estas eran las visiones de los teólogos y de las autoridades eclesiásticas no cuesta imaginar que la visión popular difícilmente hubiera podido ser mejor. Resultaría demasiado prolijo detenerse en todas las leyendas anti-femeninas que circularon de manera más que extensa durante la Edad Media, pero es obligado reparar en alguna de ellas. Tomemos como ejemplo la que afirmaba que la lepra se contraía por mantener relaciones sexuales con una mujer que estaba menstruando. El origen de semejante dislate anti-femenino parece encontrarse en el judaísmo —por ejemplo, en la *Baraita de Nidah*—[39] pero encontró un rápido eco en teólogos como Cesáreo de Arlés[40].

Semejante cosmovisión marcadamente contraria a la sexualidad —incluso matrimonial— y a la mujer se mantendría en el seno del catolicismo romano durante siglos siquiera porque los modelos espirituales eran un clero célibe y una Virgen perpetua. Personaje tan partidario de la Reforma de la iglesia católico-romana como Erasmo de Rotterdam[41] no supo liberarse de esa visión de la mujer y, clérigo a fin de cuentas, afirmaría que «la mujer

39 Judith Baskin ha sostenido que los jasidim ashkenazíes fueron influidos por los cristianos y no viceversa. Su punto de vista es discutible, pero, en cualquier caso, no cambia la conclusión final sobre la visión de la mujer existente en el mundo católico-romano. Véase Judith R. Baskin, «From Separation to Displacement: The Problem of Women in *Sefer Hasidim*» en *AJS Review* 19.1 (1994): 1-18.

40 Sobre el tema, véase: Alexandra Cuffel, *Gendering Disgust in Medieval Religious Polemic*, Notre Dame, 2007, pp. 101 y ss.

41 Sobre Erasmo de Rotterdam y su obra, con bibliografía, véase: César Vidal, *Diccionario histórico del cristianismo*, Estella, 1999.

es, tenemos que reconocerlo, un animal inepto y estúpido aunque agradable y gracioso»[42]. En otras palabras, resulta imposible negar que las mujeres pueden ser simpáticas y proporcionar agradables momentos, pero esas circunstancias no restan ni un ápice a su necedad esencial. Escapa al objeto histórico de este libro continuar describiendo la visión de la mujer dentro del catolicismo romano, pero no está de sobra recordar que todavía en la segunda mitad del siglo XX, el médico jesuita Federico Arvesu se permitió afirmar que «el organismo de las mujeres está dispuesto al servicio de una matriz; el organismo del hombre se dispone para el servicio de un cerebro»[43].

En vísperas, pues, de la Reforma, resultaba claramente establecido el horizonte espiritual dentro del catolicismo-romano y, en menor medida, en la cristiandad oriental.

En primer lugar, el sexo era sucio en sí mismo y consecuencia del pecado. Había surgido a raíz de la Caída de Adán y Eva y aunque ahora tenía un lugar lícito en el seno del matrimonio no pasaba de ser una fornicación legalizada de la que harían bien en librarse los mismos cónyuges. Ciertamente, era imposible rechazar las relaciones sexuales en el seno del matrimonio, pero, a la vez, se insistía en que esas relaciones sólo debían producirse buscando la procreación, eran un pecado venial si buscaban el placer y, por supuesto, siempre eran inferiores moralmente a la conducta de aquellos

---

42 Morías Encomion (In Praise of Folly), c. XVII.
43 F. Arvesu, *La virilidad y sus fundamentos sexuales*, Madrid, 1962 (Existe una edición previa fechada en 1945 en Buenos Aires).

que se abstenían de toda relación sexual.

En segundo lugar, la verdadera perfección espiritual sólo podía alcanzarse sobre la base de una abstención total de las relaciones sexuales. Ése era el camino seguido por monjes y sacerdotes de manera obligatoria y, por supuesto, era el camino que había transitado María, la madre de Jesús, siempre virgen, aunque quizá no libre de pecado.

En tercer lugar, de las posiciones anteriores se desprendía claramente la naturaleza de la mujer. Ser inferior incluso en términos físicos, la sexualidad compartida con ella era un fenómeno deplorable que chocaba con la búsqueda de la perfección espiritual. Su propia naturaleza inferior la convertía en un foco de tentación maligna —ciertamente, debía serlo para hombres sanos que habían decidido por impositivo eclesial no casarse jamás— y en «puerta del Diablo». No deja de ser significativo que la literatura medieval oscilara entre una visión acentuadamente idealizada de la mujer o claramente descarnada. En uno y otro caso, la visión bíblica de las relaciones entre un hombre y una mujer estaba ausente.

Ésa y no otra era la visión respecto a la mujer y a la sexualidad sostenida por clérigos y teólogos en vísperas de la Reforma.

3

LA REFORMA Y LA MUJER (I): FAMILIA, MATRIMONIO Y SEXO

Como ya tuvimos ocasión de ver, el siglo IV marcó un antes y un después en la Historia del cristianismo. Hasta entonces y a pesar de su creciente influencia, el cristianismo había sido una «superstición», una «religión ilícita» y, por lo tanto, se había visto sometida a persecuciones periódicas. A inicios del siglo IV, la astucia política de Constantino no sólo otorgó al cristianismo su legalización, sino que además lo convirtió en una instancia de poder social importante. Todavía no era la religión oficial —un paso que llevaría algunas décadas y que se desarrollaría bajo otro emperador posterior— pero sí recibió un aluvión de donativos y reconocimientos públicos. Pasar de la proscripción a verse situado en el centro del mundo, fue considerado por no pocos de sus miembros como una experiencia altamente positiva. Insistamos en que se trató de una simple consideración personal porque la realidad es que el paganismo penetró con enorme vigor en el seno del cristianismo alteran do su práctica comunitaria, su teología y su cosmovisión.

A partir del siglo IV tuvo lugar la explosión de un proceso de sincretismo religioso que ya había dado frutos en los siglos anteriores, al que nos hemos referido con anterioridad y que ahora sofocó ciertamente aspectos esenciales del cristianismo.

El resultado de esta circunstancia fue una gigantesca alteración que llegó incluso hasta los lugares más recónditos del hogar. La visión de la mujer no constituyó, ni lejanamente, una excepción. La manera en que la contemplaba el Nuevo Testamento había otorgado una especial altura a la mujer, altura desconocida no sólo en el mundo clásico sino también en el judaísmo. Jesús trató a las mujeres con una cercanía y una familiaridad que llamó la atención incluso de sus discípulos (Juan 4:27), como ya hemos señalado en un capítulo anterior.

Toda esta visión, sin embargo, saltó hecha pedazos a partir del siglo IV. La mujer fue desapareciendo de los ministerios eclesiales salvo en el caso de aquellas que decidieran convertirse en monjas para lo cual era condición indispensable romper con la posibilidad de contraer matrimonio y tener hijos. En otras palabras, si la mujer deseaba tener un papel —generalmente mínimo— dentro de la iglesia debía renunciar a comportarse de acuerdo con la naturaleza propia de su sexo. Esa circunstancia significaba además que, caso de mantenerse en su disposición natural hacia el matrimonio y la maternidad, salvo que se tratara de reinas o aristócratas, su consideración era ínfima. Dicho sea de paso, ese descenso en la consideración del ser humano afectó también a los hombres ya que determinados trabajos comenzaron a ser considerados de menor dignidad. Sin embargo, incluso ese descenso lo fue en menor medida en el caso de los varones que en el de las mujeres y así quedó de manifiesto sobre todo en el seno de la iglesia.

No puede sorprender que, partiendo de semejante base, el retrato de la mujer a lo largo de la Edad Media resultara inquietante. O renunciaba a su naturaleza y se convertía en célibe o la mantenía y se veía reducido a un papel no sólo inferior sino considerado perverso en ocasiones. Llama la atención cómo teólogos y santos de la época cargan sobre la mujer la maldad de la tentación, algo hasta cierto punto lógico porque eran hombres. Ya hemos mostrado en un capítulo anterior lo que eso significó. En esta última parte del libro examinaremos como la Reforma, al regresar a la Biblia, presentó una visión radicalmente distinta.

La mujer, la familia y el matrimonio

El hecho de volver a colocar la Biblia en el centro de la vida eclesial significó que la Reforma protestante del siglo XVI recuperó la visión escritural sobre la mujer y, por ello, sobre el sexo, el matrimonio y la familia. En las páginas siguientes, examinaremos de manera breve cómo esa cosmovisión bíblica marcaba una clara diferencia con lo enseñado y practicado por el catolicismo romano durante siglos y cómo significó reconectar con la visión expuesta en las Escrituras.

A diferencia de los sacerdotes y teólogos de la Edad Media y el Renacimiento que se habían complacido en considerar el matrimonio como una fornicación legalizada y que lo habían mostrado en términos no precisamente positivos hasta el punto de relacionarlo directamente con la Caída, los reformadores no sólo reasumieron la alta estima que la Biblia muestra hacia él sino que además mostraron una más que notable preocupación por el bienestar de los cónyuges. Sería precisamente Lutero[1] el que escribiría en relación con sus tareas pastorales:

> «Ciertamente hay que ocuparse más del matrimonio que de todos los demás asuntos. A causa de ello apenas podemos leer, predicar o estudiar. He observado a muchas parejas casadas que se juntan con una pasión tan grande que estarían dispuestos a devorarse mutuamente de amor, pero al cabo de medio año salen corriendo el uno del otro.
> He conocido a gente que llegó a aborrecerse después de que tenían cinco o seis hijos y estaban unidos no sólo por el matrimonio sino también por los frutos de su unión. Sin embargo, se abandonaron el uno al otro».

Las palabras de Lutero, sacerdote durante muchos años, reflejaban una realidad repetida en multitud de ocasiones en el mundo católico. No sólo es que la prohibición del divorcio distó mucho de ser común durante la Edad Media, sino que además la vida cotidiana mostraba multitud de casos en que se producía causando un daño considerable a distintas personas[2]. La Reforma no sólo se enfrentó

1 Martín Lutero, *Sermón sobre Mateo* 19: 10-12.
2 Sobre la existencia del divorcio en el catolicismo de la Edad Media y su defensa por teólogos y disposiciones eclesiásticas puede verse M.

de manera realista con el drama de multitud de familias, sino que además redefinió el matrimonio —y el papel de la mujer— sobre unas bases más sólidas que las elucubraciones de los teólogos o las decisiones conciliares. De entrada, el matrimonio era algo tan noble y sublime que, de la manera más lógica, los pastores podían contraerlo como su estado natural. En contra de lo que puedan pensar muchos, esta visión no nacía de los deseos sexuales de los protestantes que no podían refrenar sus pasiones, como insistiría la apologética católica, sino de la simple lectura del Nuevo Testamento. En sus páginas, se relata, por ejemplo, cómo todos los apóstoles viajaban con su esposa salvo Pablo y Bernabé que, excepcionalmente, no estaban casados (I Corintios 9:5). Igualmente, se señala entre los requisitos para ser obispo el estar casado y saber educar a sus hijos (I Timoteo 3:1-7,Tito 1:5-9).

No es menos cierto que, a pesar de la claridad de las enseñanzas de la Biblia, la iglesia católica había ido forzando el celibato obligatorio de los clérigos en el curso de la Edad Media. No sorprende que los reformadores recordaran lo enseñado por Pablo en 1 Timoteo 4:1-3 donde el apóstol enseña que aquellos que prohíban casarse sólo estarán enseñando doctrinas de demonios. Precisamente por ello, atribuyeron al mismo Diablo esa negación católica del sexo y la prohibición de contraer matrimonio impuesta a los clérigos. William

---

West y R. Francis, *Scandal in the Assembly*, Nueva York, 1970, pp. 113 ss. Los autores —ambos católicos— comienzan citando a Tertuliano (m. 247), padre de la iglesia que en su Tratado contra Marcion afirmaba: *Habet itaque et Christum assertorem iustitia divortii* (Incluso Cristo defendió la justicia del divorcio).

Gouge, por ejemplo, escribió que «es considerado doctrina de demonios prohibir el matrimonio. Porque es una doctrina contraria a la palabra de Dios»[3]. En la misma línea Thomas Gataker afirmó: «El lecho matrimonial (dice el apóstol) es de por si libre de contaminación... pero el Espíritu de Satanás hablando a través de estos hombres o más bien bestias dice: el matrimonio es deshonroso»[4].

La Reforma devolvió su lugar de honor al matrimonio, al sexo y a la familia. Sí, ciertamente, para los reformadores, la familia importaba y mucho. Pero ¿qué era, en realidad, la familia y cuál era su finalidad? ¿Se trataba de una simple consecuencia de la Caída de Adán y Eva o era mucho más? ¿Era posible tener un enfoque espiritual y, a la vez, práctico? Benjamin Wadsworth, un teólogo puritano, daría la siguiente respuesta en su *The Well Ordered Family* (*La familia bien ordenada*):

> «Todo cristiano... debería hacer todo lo que pueda para promover la gloria de Dios y el bienestar de aquellos relacionados con él: y el ordenar bien los asuntos en familias concretas tiende a promover estas cosas...
>
> Una familia donde se mantienen la verdadera adoración, la instrucción buena y piadosa y el gobierno es hermosa ante los ojos del mismo Dios: se deleita en bendecir a las que son así»[5].

La afirmación de Wadsworth difícilmente hubiera podido ser más clara y contundente. La familia no

---

3 En A Good Wife, citado por Ch. y K. George, *The Protestant Mind of the English Reformation, 1570-1640*, Princeton, 1961, p. 265.

4 Citado por Ch y K. George, *The Protestant Mind of the English Reformation, 1570-1640*, Princeton, 1961, p. 169.

5 Citado en W. Smith, *Theories of Education in Early America*, 1655-1819 Indianapolis, 1973, p. 41.

es un fenómeno surgido de la inmensa desgracia que significó la Caída, sino que constituye un canal privilegiado para adorar a Dios y beneficiar a la sociedad. De hecho, si una familia reúne en su seno la adoración a Dios, la educación adecuada y el orden debido, sin duda, será objeto de la bendición del Altísimo.

Otros autores reformados fueron en la misma dirección realizando incluso referencias añadidas que resultan de especial interés. Así, William Perkins pudo afirmar con firmeza:

> «El matrimonio fue hecho... por el mismo Dios para que fuera la fuente... de todas las clases y maneras de vida en la comunidad y en la iglesia»[6].

Sin duda, se trataba de una visión grande, que encontramos en otros autores reformados de una manera no sólo natural sino también repetida y sistemática. Si Cotton Mather podía afirmar que:

> «Las familias que se atienen a un buen orden producen un buen orden en otras sociedades. Cuando las familias se encuentran sometidas a una mala disciplina, todas las demás sociedades padecerán una mala disciplina»[7].

Semejante visión fue realzada más si cabe por Isaac Ambrose que atribuía al marido y a la mujer la tarea de «erigir y establecer el glorioso reino de Cristo en su casa»[8].

6 Citado por Charles H. George y Katherine George, *The Protestant Mind of English Reformation*, 1570-1640, Princeton, 1961, p. 268.
7 La tesis de Mather tuvo una enorme repercusión y puede verse citada con cierta amplitud. Véase, por ejemplo, en uno de los grandes estudiosos del período en Inglaterra, C. Hill, *Society and Puritanism in Pre-Revolutionary England*, New York, 1964, p. 459.
8 Citado en R. C. Richardson, *Puritanism in North-West England: A Regional Study of Chester to 1642*, Manchester, 1972, p. 105.

Sería, sin embargo, caer en un error el limitar la visión de la familia y de la pareja a una institución creada por Dios cuyo bienestar beneficiaba a la sociedad —este aspecto ha sido reconocido prácticamente por todas las culturas hasta que comenzó a ser discutido en el siglo XIX— y que servía de canal a los propósitos divinos. Ciertamente, era todo eso, pero también mucho más y aquí la Reforma retomó aspectos de sublime belleza totalmente olvidados entre la misoginia y el desprecio hacia el matrimonio propios del catolicismo romano de la Edad media.

El primer aspecto fue el de sustituir la idea de la familia como simple orden jerárquico por una visión que la mostraba como una institución que se ocupaba de cubrir profundas necesidades humanas. La Reforma, por ejemplo, enfatizó de manera continua la necesidad de contemplar al otro cónyuge como un compañero. William Ames definió incluso el matrimonio como «la institución de Dios que establece el compañerismo individual de esposo y esposa»[9]. Por su parte, Henry Smith enseñó que Dios había instituido el matrimonio «para que las infinitas tribulaciones que recaen sobre nosotros en este mundo puedan verse suavizadas por el apoyo y la ayuda del uno por el otro»[10]. Se mire como se mire, el avance que esta visión significaba a la hora de delimitar la convivencia entre un hombre y una mujer era colosal. El matrimonio no era simplemente una institución que permitiera sumar patrimonio y asegurar su transmisión a

---

9 William Ames, *The Marrow of Theology*, Boston, 1968, p. 319.
10 *Works*, citado en Albert Hyma, *Christianity, Capitalism and Communism. A Historical Analysis*, Ann Arbor, 1937, p. 233.

las siguientes generaciones, fines ambos que reconocía el derecho romano y que la iglesia católico-romana había preservado. A decir verdad, la razón de su existencia se halla en poder proporcionar un marco en el que un hombre y una mujer puedan dispensarse compañerismo y ayudarse en medio de una existencia que no pocas veces resulta harto difícil. Es ese compañerismo mutuo, es ese ver cómo el otro no es un sirviente, un proveedor o incluso un enemigo, sino que, por el contrario, es la persona con la que cruzar esta vida y manifestar el Reino de Dios, lo que define al matrimonio. A fin de cuentas, como enseñó Robert Bolton en contra de visiones de santos como Agustín de Hipona o Tomás de Aquino, el marido debería recordar que «La esposa tiene un alma tan noble como la de él mismo... Las almas no tienen sexo»[11].

Pocos explicarían de manera mejor y más sencilla que Thomas Gatakeresa la visión del matrimonio —y del papel que la mujer— tan distinto al impuesto durante el milenio anterior. Gataker señaló cómo la esposa debía reconocer a su marido como cabeza[12] y, a la vez, definió a la mujer como «una ayuda o una asistente, no sólo una pareja sino una ayudadora, no sólo una compañera sino también una asistente»[13]. ¿Cómo podría ser de otra manera si, como indicaría, Samuel Torshell «las mujeres son capaces de los logros más elevados y la mayor gloria a la que pueda avanzar un hombre»?[14].

---

11 *Works*, citado en George, O.C., p. 282.
12 Marriage Duties, citado en George, O.C., p. 279.
13 *The Good Wife*, citado en George, O.C., p. 287.
14 *The Woman´s Glory*, citado en R. C. Richardson, Puritanism, p. 106.

Precisamente por todo lo anterior, el orden católico-romano medieval en que el hombre contemplaba a la mujer como un ser inferior sobre el que ejercer dominio saltaba por los aires. Por el contrario, los esposos podían reconvenirse mutuamente siempre que lo hicieran de la manera adecuada. Como indicó Samuel Willard, el marido y la mujer deberían «elegir el momento más adecuado para reprenderse el uno al otro por cosas que exige su amor y el deber»[15]. Este regreso de la Reforma a la cosmovisión bíblica de la pareja resultaría especialmente obvio al abordar el tema de la sexualidad.

La mujer y el sexo

La Reforma no consideró que el matrimonio fuera el lugar tolerado por la iglesia para que aquellos creyentes imperfectos que no eran capaces de mantener una abstinencia total y perpetua de relaciones sexuales pudieran desfogar un deseo que era, sustancialmente, mera fornicación. Debe señalarse que esta visión negativa del sexo no afectó sólo al catolicismo romano sino de una manera incluso más acentuada si cabe al judaísmo. Al respecto, no deja de ser significativo que cuando la Biblia describe en el Cantar de los cantares (1:13-14) que el amado es como un manojito de mirra que descansa entre los pechos de la amada, en lugar de aceptar la bella imagen y lo que indica sobre la hermosura del sexo como creación

---

15 *En A Complete Body of Divinity,* citado en Laurel Thatcher Ulrich, «Vertuous Women Found»: New England Ministerial Literature, 1668-1735 en Alden T. Vaughan y Francis J. Bremer (eds), *Puritan New England,* Nueva York, 1977, p. 221-2.

de Dios, el judaísmo señalara que se trataba del arca del pacto entre los querubines y el catolicismo apuntara a que se trataba de Cristo entre el Antiguo y el Nuevo Testamento. En ambos casos, los sistemas teológicos eran incapaces de aceptar la enseñanza de la Biblia y, por el contrario, la sepultaron totalmente bajo otras interpretaciones [16].

Frente a esas concepciones, la Reforma significó, sin embargo, un cambio radical. Según su visión, procedente directamente de la Biblia, el matrimonio era el lugar destinado a ser ámbito de un disfrute, de una dicha, de un placer tan extraordinario, bello y puro como el sexual. Insistamos en el hecho: así lo creían los reformadores por la sencilla razón de que así aparecía expresado en las Escrituras. En esa línea se había manifestado Lutero que no sólo contrajo matrimonio, sino que además experimentó una vida conyugal feliz con una esposa modelo a la que no dejó de alabar hasta su muerte o Calvino que dejó establecido en su comentario a la primera carta a los Corintios que «el sexo conyugal es una cosa que es pura, honrosa y santa porque es una institución pura de Dios».

A diferencia de los teólogos católicos —mayoritariamente clérigos y, por lo tanto, obligatoriamente célibes— que contemplaban a la mujer como la principal fuente de tentación en su celibato y que no dudaban en injuriarla como saco de inmundicia o puerta hacia la condenación, los reformadores mantenían una visión sexual equilibrada, romántica

---

16 Un más que interesante relato sobre la permanencia de esta visión negativa del sexo y de la mujer en el judaísmo actual, puede encontrarse en Evelyn Kaye, *The Hole in the Sheet: A Modern Woman Looks at Orthodox and Hasidic Judaism, Secaucus*, 1987.

y bella. William Gouge, por ejemplo, al realizar una exégesis de Proverbios 3:18-19 donde se afirma que la esposa es como «cierva amada y graciosa gacela» escribió que la comparación era completamente lógica y bien escogida ya que las ciervas y las gacelas son las parejas más enamoradas «e incluso se vuelven locas una y otra vez en su corazón y deseo por ellos»[17]. En otras palabras, la Biblia comparaba a las mujeres con las hembras más ardientes de la naturaleza y no lo hacía como una acusación vergonzosa sino todo lo contrario, porque con ese comportamiento estaban magníficamente dotadas para lograr el recreo y la satisfacción del esposo. El sexo no era fornicación legalizada y conducta inmunda y sucia sino un elemento de disfrute y plenitud en la existencia conjunta del hombre y de la mujer. De hecho, Gouge añadiría que las relaciones sexuales eran «uno de los actos más apropiados y esenciales del matrimonio»[18]. Resulta lógico que también señalara que las parejas casadas debían tener relaciones sexuales «con buena voluntad, y deleite, voluntaria, dispuesta y alegremente»[19].

El punto de vista de Gouge no fue, ni de lejos, excepcional. Por ejemplo, Alexander Niccholes afirmó que en el matrimonio «no solo te unes a ti mismo con un amigo y un consuelo para comunidad, <u>sino también</u> con un compañero para el placer»[20].

17 William Gouge, *Of Domestical Duties*, citado en Roland M. Frye en *"The Teachings of Classical Puritanism on Conjugal Love"* en Studies in the Renaissance, 2, 1955, p. 153.

18 En *Christian Calling*, citado en Perry Miller y Thomas J. Johnson (eds), *The Puritans*, 2 vols, Nueva York, 1963, tomo 1, p. 322.

19 En *Domestical Duties*, citado en Levin L. Schüking, *The Puritan Family: A Social Study from the Literary Sources*, Nueva York, 1970 p. 38.

20 En *Discourse of Marriage and Wivingen* James Turner Johnson, *A Society Ordained by God: English Puritan Marriage Doctrine in the First Half of the Seventeenth Century*, Nashville, 1970, p. 23.

Igualmente, William Ames subrayó que uno de los deberes del matrimonio era la «comunicación mutua de los cuerpos»[21].De nuevo, el punto de partida para esta visión arrancaba directamente de la Biblia. Como señalaría el gran poeta inglés John Milton, la referencia en Génesis 2:24 a que el hombre y la mujer serían «una sola carne» aparece incluida en la Biblia «para justificar y legitimar los ritos del lecho matrimonial lo que no era innecesario dado que, incluso con esta garantía, eran sospechosos de contaminación por algunas sectas filosóficas y antiguas religiones y más tarde por los papistas»[22]. No puede acusarse al extraordinario escritor de exagerar porque, ciertamente, ponía el dedo en la llaga. Había que recuperar la sencilla y a la vez sublime enseñanza bíblica acerca del matrimonio y de la sexualidad por la sencilla razón de que la filosofía pagana y la iglesia católico-romana la habían sustituido durante siglos por visiones sombrías y degradantes. Desde luego, una concepción tan diferente no se encontraba sólo en Génesis. Milton podía referirse también a otras porciones de las Escrituras como las incluidas en el libro de los Proverbios o en el Cantar de los Cantares. Al respecto, el grandioso autor inglés señalaría:

«El sapientísimo Salomón entre sus Proverbios más graves realiza la semblanza de una clase de encanto... en el disfrute de los placeres conyugales; y en el Cantar de los Cantares canta un millar de arrobos entre aquellos que se aman en el

---

21 En *Conscience with the Power and Case Thereof* citado en James Johnson, O.C., p. 64.
22 John Milton, Tetrachordon, CPW, 2, p. 606-7.

más allá del disfrute carnal. Por estos ejemplos y más que podrían ser citados, podemos imaginar con cuanta indulgencia Dios ha realizado una provisión contra la soledad del hombre»[23].

Actualmente, la palabra puritanismo sigue utilizándose como sinónimo de represión sexual, de rechazo del placer o de repulsión hacia el sexo. Pasajes como éste dejan de manifiesto hasta qué punto semejante visión, por muy extendida que pueda estar, no se corresponde ni de lejos con la realidad. El gran predicador puritano Cotton Mather, por ejemplo, llamaba a su esposa:

> «una criatura más que digna de amor y un don tan grande del Cielo para mí y los míos que el sentimiento que me provoca... hace que me disuelva en lágrimas de alegría»[24].

Sin duda, se trataba de sentimientos enormemente profundos, nobles y bellos. No fueron, desde luego, excepcionales y la verdad es que impresiona la manera en que estos autores contemplaban el amor entre hombre y mujer. Permítasenos que citemos algunos ejemplos a modo de ilustración.

Thomas Hooker dejó una descripción de la relación entre hombre y mujer verdaderamente iluminadora en la medida en que describía cómo el primero vivía su relación con la segunda:

> «El hombre cuyo corazón es querido a la mujer que ama... sueña con ella por la noche; la tiene en la mirada y el entendimiento cuando se

23 J. Milton, Tetrachordon, CPW, 2, p. 597.
24 Citado en Morton H. Hunt, *The Natural History of Love*, Nueva York, 1959, pp. 242-3.

despierta; reflexiona sobre ella cuando se sienta a la mesa; camina con ella cuando viaja... Ella reposa en su regazo y su corazón confía en ella, lo que obliga todo a confesar que la corriente de su amor, como un poderoso torrente, discurre con la plenitud de su caudal y de su fuerza»[25].

Como se podría esperar, la visión de la mujer que subyace en esta descripción del matrimonio y del sexo es considerablemente hermosa y sublime. Lejos de ser una carga para el hombre, un mal menor que había que soportar a regañadientes, no digamos ya la puerta del pecado y de la perdición, como pretendieron famosos santos católicos, lo que contemplamos en las descripciones reformadas de la mujer es una honda estima y una profundísima gratitud hacia Dios. Daniel Rogers, por ejemplo, afirmó que la esposa era «una amiga» y la consideró «cercana a la paz del amor con Dios... el mayor contento bajo el sol»[26]. Igualmente, Cleaver censuró de manera abierta la visión negativa de la mujer, generalizada durante la Edad Media, afirmando:

«Dios mismo llama a la esposa ayuda y no un impedimento o un mal necesario como algunos dicen insensatamente. ...Esos dichos y otros semejantes, que pretenden desacreditar a las mujeres, los vomitan algunos de manera maliciosa e indiscreta, en contra de la mente del Espíritu Santo que dijo que fue ordenada como ayuda y no como obstáculo»[27].

---

25 Citado en Edmund Morgan, *Puritan Family...* pp. 61-62.
26 En *Matrimonial Honour*, citado en Chilton Latham Powell, *English Domestic Relations, 1487-1653*, Nueva York, 1972, p. 139 (la primera edición es de 1917).
27 En *A Godly Form of Household Government* citado en Irwin, (ed), *Womanhood in Radical Protestantism*, 1525-1675, Nueva York, 1979, p. 76.

En una línea semejante, John Cotton afirmó:

«Las mujeres son criaturas sin las que no existe una vida agradable para el hombre… son una especie de blasfemos, por lo tanto, los que las desprecian y denigran y las denominan mal necesario porque son un bien necesario»[28].

Partiendo de esa visión de extraordinaria dignidad de la mujer que procedía de la misma Palabra de Dios no puede sorprender que, lejos de considerarla una criatura inferior al hombre, los reformadores contemplaran a la mujer en un plano de igualdad. Así, William Secker afirmó que Dios creó a Eva como «una línea paralela trazada igual» a Adán, que no fue formada de la cabeza «para reclamar la superioridad sino del costado para contentarse con la igualdad»[29]. Ciertamente, la Biblia enseña que las esposas deben someterse a sus maridos, pero esa «sujeción la tratamos no como de esclavitud, sino igual y regio en su orden»[30]. De forma semejante, Gouge enseñó claramente que:

«No hay la menor disparidad entre hombre y mujer» ya que «aunque el hombre sea la cabeza, sin embargo, la mujer es como el corazón, que es la parte más excelente del cuerpo cerca de la cabeza, mucho más excelente que cualquier otro miembro bajo la cabeza y casi igual a la cabeza en muchos aspectos y tan necesario como la cabeza»[31].

---

28 En *A Meet Help* citado por Edmund Morgan, "The Puritans and Sex" en *Pivotal Interpretations of American History*, Carl L. Degler (ed), Nueva York, 1966, p. 41.

29 En *A Wedding Ring*, citado en Ulrich, *Good Wives*, p. 107.

30 En *Matrimonial Honour*, citado en Doris Mary Stenton, *The English Woman in History*, Londres, 1957, p. 150.

31 En *Of Domestical Duties*, citado en Irwin, O.C, p. 98.

Partiendo de una visión semejante, no sorprende que William Secker pudiera comparar a marido y mujer con dos instrumentos que se conjuntan para interpretar una música excelente o con dos corrientes que se funden en una sola[32] o que Seaborn Cotton, que en su época de estudiante en Harvard copiaba apasionadas poesías renacentistas en su libro de notas, utilizara esas mismas poesías para sus reuniones eclesiales[33]. Tampoco resulta chocante que cuando una esposa de una iglesia puritana de Nueva Inglaterra se quejó al pastor, primero, y después a toda la congregación, de que su marido la descuidaba sexualmente, el esposo fuera excomulgado[34]. El sexo era un maravilloso derecho conyugal y no, como pretendía la teología católica, una fornicación legalizada.

No sorprende que autor nada sospechoso de cristianismo como Herbert W. Richardson haya reconocido que la visión del amor romántico debe atribuirse a la Reforma protestante del siglo XVI y, en especial, a los puritanos ya que chocaba totalmente con una visión católica que, a día de hoy, sigue siendo, en no pocos aspectos, deplorable[35]. Sin embargo, la Reforma no implicó una cosmovisión diferente de la mujer sólo en esas áreas como tendremos ocasión de ver en el capítulo siguiente.

---

32 En Ulrich, *Good Wives...*, p. 221.
33 En Edmund Morgan, *Puritan Family...*, p. 63.
34 Chad Powers Smith, *Yankees and God*, Nueva York, 1954, p. 11.
35 Herbert W. Richardson, Nun, Witch, Playmate. *The Americanization of Sex*, New York, 1971, pp. 68-79. Richardson discurre también muy acertadamente sobre la influencia positiva que esa visión del amor ha tenido en la educación, el desarrollo de la individualidad y la libertad en el seno de la sociedad.

4

LA MUJER Y LA REFORMA (II): IGLESIA, TRABAJO, EDUCACIÓN, ARTE Y COMPASIÓN

La mujer en la iglesia

La visión de la mujer nacida del regreso a las Escrituras que impulsó la Reforma protestante del siglo XVI se tradujo de manera inmediata en una presencia mucho mayor de la mujer en la iglesia. Los ejemplos, ciertamente, son abundantes. El cáliz fue devuelto a los laicos en la Santa Cena, pero a todos los laicos, sin excluir a las mujeres. El canto eclesial se extendió a todo el pueblo en lugar de quedar limitado a los clérigos y esa ampliación incluyó, por supuesto, a las mujeres. Igualmente, hombres y mujeres pudieron seguir los cultos en su lengua vernácula y leer las Escrituras en el lenguaje que hablaban habitualmente.

Se trataba, sin embargo, del inicio. En las siguientes décadas no fueron pocos los movimientos reformados que concedieron un peso todavía mayor a las mujeres. Por ejemplo, los cuáqueros contaron durante el siglo XVI con evangelistas y predicadoras que causaron la sorpresa y la ira —pero también el arrepentimiento y la conversión— de no pocas personas a uno y otro lado del Atlántico. A decir verdad, todo indica que cuanto más se apartaban los movimientos reformadores de la tradición católica medieval y se acercaban a la Biblia mayor era el papel de las mujeres.

La Historia de las mujeres durante la Reforma está aún por escribir, pero no cabe duda de que sus aportes, aunque poco conocidos, fueron relevantes. Recordemos, por citar sólo unos casos, a Margarita de Angulema, centro de un círculo de humanistas reformadores; a Isabel de Albret, introductora de la Reforma en Bretaña; a Carlota de Laval, esposa del dirigente hugonote Gaspar de Coligny y apoyo suyo en las peores crisis y persecuciones; a Juana de Albret, gran difusora y mecenas de la Reforma en la Navarra francesa; a Carlota Arbaleste, esposa de Felipe Duplessis-Mornay; a Catalina de Parthenay, que soportó dificultades extraordinarias durante el asedio de la villa protestante de la Rochela; o a Claudia de Chastel, protagonista de una bellísima historia de amor con un católico al que condujo a la fe de la Biblia.

Debemos insistir en que se trata tan sólo de algunos ejemplos a los que podrían sumarse las españolas Francisca Hernández, María Cazalla o Marina de Guevara; las danesas Birgitte Gjose, Anna Hardenberg y la reina Dorotea; la noruega Anna Pedersdotter; la sueca Katarina Jaguellonica, la portuguesa Luisa Sigea; las escocesas Anne Locke y Elizabeth y Marjory Bowes; las inglesas Katherine Stubbes y las cuatro hijas de Anthony Cooke, Katherine, Elizabeth, Anne y Mildred; las polacas

Bona Sforza, Katherine Weigel, Jadwige Gnoinskie-jy las poetisas Zolia Olesnicka, Regina Filipowska y Margareta Ruarowna o las húngaras María, reina de Hungría y Bohemia, Isabel Zapolya y Helena Mezeo.

No pocas de ellas desempeñaron su labor reformadora en naciones católicas y pagaron semejante atrevimiento con la propia vida. A decir verdad, hay que señalar que las mujeres reformadas padecieron de manera especial la persecución. Fue el caso de las que tuvieron un papel relevante en los cenáculos protestantes clandestinos en España e Italia; las que ardieron en las hogueras en los autos de fe españoles o las que, durante, por ejemplo, la acción de los *camisards* franceses que pretendió la conversión forzosa de los protestantes al catolicismo o su exterminio, sostuvieron las congregaciones mediante su labor abnegada. Con los varones encarcelados, exiliados o muertos, aquellas mujeres lograron la supervivencia de las iglesias locales predicando, evangelizando e incluso profetizando, tareas imposibles en cualquier otro ámbito espiritual.

Esa influencia de la Reforma pasó por encima de diferencias sociales, educativas e incluso raciales. Así queda de manifiesto en casos como los de Jarena Lee. Desde su nacimiento en 1783, en Cape May, Nueva Jersey, fue libre a pesar de ser negra. A partir de una edad muy temprana, sirvió como criada doméstica y, siendo todavía una adolescente, se trasladó a Pennsylvania. Jarena no había recibido ninguna educación cristiana, pero, al asistir a un culto de adoración en la Iglesia

Bethel, la predicación pronunciada por el obispo Richard Allen la conmovió y decidió entregar su vida a Jesús. En 1807, Jarena sintió un llamado del Señor para predicar, algo que para muchos resultaba intolerable en una mujer. Su deseo sólo se convirtió en realidad doce años más tarde cuando el predicador en la Iglesia Bethel, inesperadamente, se quedó sin palabras y no pudo terminar. En ese momento, Jarena abandonó su asiento, se dirigió al púlpito y concluyó el mensaje. El obispo Allen, abrumado por lo que acababa de escuchar, no sólo no la reprendió por lo que acababa de hacer, sino que reconoció lo genuino de su llamamiento y la autorizó para predicar. A pesar de ser mujer y negra, su ministerio resultó imparable hasta el punto de que tan sólo en un año viajó dos mil trescientos veinticinco millas predicando ciento setenta y ocho veces. Sólo la libertad de la Palabra desencadenada por la Reforma pudo tener ese resultado en la vida de Jarena como en la de millares de mujeres.

Durante siglos, las mujeres habían sido ignoradas, relegadas, enclaustradas en el seno de una iglesia como la católico-romana. En unas ocasiones, habían compartido esa marginación con los laicos varones; en otras, habían sufrido un aislamiento específico por su condición femenina. Esa situación cambió de manera feliz y radical con la Reforma.

La mujer en el trabajo

Como sucedió con su papel en la iglesia, las mujeres también fueron beneficiarias directas de la recuperación de los valores bíblicos llevada a cabo por la Reforma en otros terrenos como el trabajo[1]. La iglesia católico-romana era tributaria de una visión del trabajo desvinculada de la Biblia y que Eusebio, gran defensor del constantinianismo, en el siglo IV, había descrito ya de la siguiente manera:

«Dos formas de vida fueron dadas por la ley de Cristo a su iglesia. Una es sobrenatural y sobrepasa la forma de vida común... Completa y permanentemente se separa de la vida común y ordinaria de la humanidad, y se dedica al servicio de Dios solo... Esa es la forma perfecta de vida cristiana. Y la otra, más humilde, más humana, permite a los hombres... dedicarse a la agricultura, al comercio, y a otros intereses más seculares al igual que a la religión... Y una especie de piedad de segunda clase se les atribuye».[2]

Esa diferenciación entre trabajos más o menos santos no era originalmente cristiana, pero, gracias a la inyección de paganismo que recibió el cristianismo en el siglo IV, se fue fortaleciendo, como otras cuestiones, a lo largo de la Edad Media. No resulta extraño si se tiene en cuenta que también fueron absorbidos otros elementos extraños como la visión de una sociedad esclavista como la romana, la caballeresca y militar de los pueblos germánicos o la aristotélica. Todos se imbricaron en el seno de la iglesia católico-romana a pesar de tener poco o nada que ver con el cristianismo primitivo de Jesús y sus apóstoles. Desde

---

1 Un desarrollo más amplio del tema en C. Vidal, *El legado de la Reforma*, p. 257 ss.
2 Quoted in L. Ryken, *Wordly Saints*, Grand Rapids, 1990.

luego, a inicios del siglo XVI, en el momento en que estalló la Reforma, nadie habría discutido la existencia de trabajos más dignos y menos dignos; que ciertas ocupaciones no eran propias de los señores o simplemente de gente que se preciara e incluso que el trabajo era, a fin de cuentas, un castigo impuesto por Dios a nuestros primeros padres por su caída en el huerto del Edén. La Reforma, al regresar a las Escrituras, presentó una visión radicalmente distinta del trabajo.

De entrada, el regreso a la Biblia permitió descubrir —¡más de un milenio para darse cuenta!— que Adán ya había recibido de Dios la misión de trabajar antes de la Caída y que esa labor consistía en algo tan teóricamente servil como labrar la tierra y guardarla (Génesis 2: 15). Aquel sencillo descubrimiento cambiaría la Historia de Occidente —y con ella la de la Humanidad— de manera radical. La mujer no sería una excepción en la recuperación de esa cosmovisión que procedía directamente de la Biblia.

En su Comentario a Génesis 13: 13, Lutero señalaría en relación con las tareas de la casa que:

«No tienen apariencia de santidad, y, sin embargo, esas obras relacionadas con las tareas domésticas son más deseables que todas las obras de todos los monjes y monjas… De manera similar, los trabajos seculares son una adoración de Dios y una obediencia que complace a Dios».

Igualmente, en su Exposición del Salmo 128:2 añadiría:

«Vuestro trabajo es un asunto muy sagrado. Dios se deleita en él y a través de él desea conceder Su bendición sobre vosotros».

Calvino —al que se suele asociar un tanto exageradamente con la denominada ética protestante del trabajo— fue también muy claro al respecto. En su comentario a Lucas 10:38 afirmó:

«Es un error el afirmar que aquellos que huyen de los asuntos del mundo y se dedican a la contemplación están llevando una vida angélica... Sabemos que los hombres fueron creados para ocuparse con el trabajo y que ningún sacrificio agrada más a Dios que el que cada uno se ocupe de su vocación y estudios para vivir bien a favor del bien común».

En ambos casos, lo que escribían Lutero y Calvino tenía un contenido extraordinariamente novedoso e incluso podría decirse que revolucionario. El trabajo de la gente más sencilla —daba lo mismo que fuera un obrero sin especializar o un ama de casa— no era inferior ni carente de importancia. Por el contrario, contaba con una enorme dignidad porque, desde antes de la Caída, Dios había dispuesto que el ser humano trabajara. La que limpiaba, el que sembraba, quien quitaba la suciedad de las calles desarrollaban una labor mucho más importante y, desde luego, no menos digna que la de aquellos que decidían encerrarse en un convento, por regla general, para vivir del trabajo de otros.

Los reformadores menos conocidos no fueron menos explícitos que Lutero y Calvino en su rehabilitación de trabajos considerados como punto menos que infames —en ocasiones, abiertamente infames— en la Europa de la Contrarreforma. William Tyndale —que tradujo el Nuevo Testamento del griego original al inglés y murió en la hoguera por orden del rey Enrique VIII— escribió en *The Parable of the Wicked Mammon*[3]: «existe una diferencia entre lavar platos y predicar la Palabra de Dios, pero en lo que se refiere a complacer a Dios, no existe ninguna en absoluto». William Perkins, uno de los teólogos puritanos más relevantes, señalaría que la gente puede servir a Dios «en cualquier clase de vocación, aunque sea barrer la casa o guardar ganado»[4].

Sí, el trabajo es una actividad dotada de una dignidad que procede del mismo Dios y que no contiene excepciones como el trabajo femenino o las tareas domésticas. Como Lutero escribió: «Cuando un ama de casa cocina y limpia y realiza otras tareas domésticas, porque ése es el mandato de Dios, incluso tan pequeño trabajo debe ser alabado como un servicio a Dios que sobrepasa en mucho la santidad y el ascetismo de todos los monjes y monjas».

Semejante comentario, a inicios del siglo XVI, constituyó una afirmación absolutamente revolucionaria. Hoy en día, resultaría políticamente incorrectísimo. A decir verdad, no deja de llamar la atención la manera en que posiciones opuestas han despreciado la tarea del ama de casa a

---

3 Citado en L. B. Wright, *Middle Class Culture in Elizabethan England*, Chapel, Hill, 1935, p. 171.
4 H. Davies, Worship and Theology in England: From Cranmer to Hooker, 1534-1603, Princeton, 1970, p. 66.

lo largo de la Historia. En sociedades machistas, esas labores son consideradas de escaso valor; en otras más inclinadas hacia el feminismo, el desprecio ha adquirido sólo otro aspecto, pero puede ser incluso mayor. De hecho, se afirma agresivamente que aquellas mujeres que desempeñan tareas domésticas —salvo que se dediquen a ello laboralmente— son mujeres sin realizar, sin dimensión profunda, sin importancia. La Reforma, sin embargo, frente a unos y a otros, devolvió a la mujer de cualquier condición al lugar de honor del que había sido arrojada, un lugar muy superior al de esa creación artificial de la Edad Media que es el monacato, pero también del feminismo del siglo XXI. A fin de cuentas, como en tantas otras ocasiones, la Palabra de Dios se muestra muy por encima en el tratamiento de la dignidad humana de cualquier ideología creada por los hombres.

La mujer en la educación

Otra de las grandes conquistas de la Reforma consistió en colocar la educación entre las prioridades de la vida social[5]. De nuevo, semejante circunstancia derivó directamente de la recuperación de las Escrituras. Así, la Biblia relata que cuando Moisés se despidió de su sucesor, Josué, le encargó lo siguiente:

«Nunca se apartará de tu boca este libro de la *Torah,* sino que, de día y de noche, meditarás en él, para que guardes y te comportes de acuerdo con todo lo que está escrito en él, porque de esa

____

5 Un tratamiento más amplio del tema en C. Vidal, *El legado de la Reforma,* pp. 275 ss.

manera prosperará tu camino y que todo te saldrá bien» (Josué 1:8).

Pocas veces un consejo espiritual habrá alterado la marcha de la Historia de una manera tan espectacular ya que la conducta y la práctica espirituales, a partir de ese momento, no iban a estar vinculadas en el futuro tanto al rito —aunque existiera— como a la lectura de un texto sagrado que se abría no a una casta sacerdotal sino al conjunto del pueblo. Como señala el capítulo 6 de Deuteronomio, los padres debían poder explicar a sus hijos los mandatos contenidos en la *Torah*. Esta circunstancia de vincular la religión a un libro tuvo una consecuencia inmediata para los miembros del pueblo de Israel, la de la creación de una cultura que necesitaba desesperadamente la alfabetización para creer. El proceso de alfabetización era tan obvio, por ejemplo, en la época de Jesús que a nadie le sorprendía que el hijo de un carpintero o de un pescador supiera leer, escribir y discutir sobre lo leído. Semejante circunstancia, inexistente en otras culturas del entorno, dotó de una extraordinaria capacidad de supervivencia a los judíos, que incluso antes de la destrucción del Templo de Jerusalén en el 70 d. de C., habían depositado la guía espiritual de la nación no en los sacerdotes sino en los sabios.

Cosmovisión del libro surgida del seno de Israel, el cristianismo debería haber seguido la senda ya marcada en lo que a alfabetización se refiere. Así, fue en el s. I cuando Pablo, despidiéndose de Timoteo, le indicó que:

> «Desde la niñez conoces las Sagradas Escrituras las cuales pueden hacerte sabio para la salvación por la fe en Cristo Jesús» (2 Timoteo 3:15).

Sin embargo, como tantos otros aspectos del cristianismo, la situación cambió de manera radical en el siglo IV con la irrupción masiva del paganismo en su seno, como —ya lo hemos visto— reconocía el cardenal J. H. Newman.

A partir del s. IV, el cristianismo fue acentuando el cambio del énfasis en las Escrituras por una visión ceremonial y sacerdotal que se fue desarrollando todavía más durante la Edad Media. Los monasterios desempeñaron un cierto papel en la preservación de la cultura clásica y no es menos cierto que hubo algún intento —fallido— de popularizar en cierta medida esa cultura. Sin embargo, en el curso de la Edad Media quedó claro que, al igual que en el paganismo, en el seno del cristianismo, se podía ser piadoso —incluso un santo— y, a la vez, analfabeto. Basta ver las imágenes —Biblia de piedra y Biblia de los pobres las han llamado algunos— para conocer el catolicismo romano y vivir de acuerdo con él. Por el contrario, el saber leer y escribir no era condición para conocer el camino de la salvación y, dicho sea de paso, tampoco para otras tareas como la guerra o el campo. Esa visión saltó hecha añicos con la Reforma protestante del siglo XVI.

Como ya tuvimos ocasión de ver en capítulos anteriores, para los reformadores, siguiendo la enseñanza del Nuevo Testamento (2 Timoteo 3:14‑17) la única regla de fe y conducta era la Biblia, un libro al que todos debían tener acceso para poder examinarlo con libertad y sin las ataduras de una jerarquía porque, al ser la Palabra de Dios, se explicaba por sí mismo. Resulta curioso a día de hoy observar la manera machacona en que algunos católico-romanos todavía persisten en considerar el libre examen de la Biblia como una conducta malvada espiritualmente. En realidad, la formulación de los reformados no pasaba de ser la afirmación de un derecho fundamental, el de acercarse al texto sagrado y poderlo leer en la propia lengua y no en un latín que era desconocido para la mayoría. Por otro lado —y volviendo con ello a una línea ya existente en el Antiguo Israel— el pastor en el protestantismo dejó de ser un sacerdote para convertirse en el sabio que conoce las Escrituras al igual que sucedía desde hacía siglos con los rabinos. Se podía —y se puede— ser un fiel católico sin saber leer ni escribir. Esa circunstancia es imposible para el judaísmo y también para el protestantismo. ¿Cómo se puede acercar nadie a un texto que procede de Dios por definición si no se sabe leer ni escribir?

Las consecuencias de este enfoque fueron verdaderamente extraordinarias siquiera porque la Reforma deseaba sobrevivir y además expandirse y ninguna de esas metas era alcanzable sin extender la alfabetización. Así, en 21 de mayo de 1536 se estableció la primera escuela pública y obligatoria de la Historia. El lugar era la protestante Ginebra. No fue una excepción. La *Primera confesión escocesa* de 1560 establecía una reforma de la educación exigiendo que en los medios rurales se enseñara a los niños en escuelas adjuntas a las iglesias; en las ciudades con superintendentes se abrieran escuelas y universidades con un personal debidamente pagado.

El 5 de junio de 1559 marcó un hito en la Historia universal de la educación. Desde hacía dos siglos, los ginebrinos habían intentado establecer infructuosamente una universidad en su municipio. Semejante situación cambió radicalmente gracias a la intervención directa de Juan Calvino que no sólo siguió impulsando la enseñanza primaria gratuita y obligatoria sino que además añadió a ésta la universitaria. En 1564, a la muerte de Calvino, había mil doscientos estudiantes en esa universidad. De coste gratuito, las instituciones educativas impulsadas por Calvino resultaron «precursoras de la moderna educación pública»[6]. El prestigio de la universidad gratuita y pública de Ginebra fue tan colosal que enseguida comenzó a añadir facultades. En 1567, por ejemplo, se añadió una de derecho en la que, tras la matanza de la noche de San Bartolomé, enseñaron figuras jurídicas de primer orden como François Hotman y Denis Godefroy. De hecho, la calidad de la enseñanza de la universidad llegó a tal extremo que el mismísimo Thomas Jefferson soñó con adquirirla[7].

Las naciones donde había triunfado la Reforma multiplicaron los esfuerzos por educar no a

6 En el mismo sentido, véase Donald R. Kelley, *Francois Hotman: A Revolutionary's Ordeal*, Princeton, 1973, p. 270.
7 David W. Hall, *The Genevan Reformation and the American Founding*, Lanham, 2003, pp. 2-4.

élites —como la Compañía de Jesús— o a niños vagabundos —como pretendió con más corazón que éxito José de Calasanz— sino a toda la población sin excepciones. A finales del siglo XVI, el índice de alfabetización de la Europa protestante era muy superior al de la católica, sin excluir una España en la que Felipe II había decretado que los estudiantes no cursaran estudios en universidades extranjeras por miedo a la contaminación de la herejía o una Francia en la que la población hugonote estaba mucho más alfabetizada que la católica. En el caso de algunas confesiones protestantes, el avance fue verdaderamente espectacular e incluso a inicios del siglo XXI resulta envidiable. Por ejemplo, a mediados del siglo XVII, justo cuando España dejaba de ser la potencia hegemónica de Europa, los cuáqueros disfrutaban de un índice de alfabetización del cien por cien en ambos sexos lo que explica no poco sus avances en las décadas siguientes en áreas como la banca, el comercio o la ciencia, tres áreas de las que, no por casualidad, la España de la Contrarreforma se iba a descolgar lamentablemente.

La mujer en el arte

El regreso a las Escrituras que caracterizó a la Reforma tuvo también una clara repercusión en el mundo del arte[8]. Implicó, por ejemplo, rechazar de plano el culto a las imágenes que tanta importancia había tenido en el seno de la cristiandad occidental durante la Edad Media. Semejante acción

---

8 Sobre el tema con más amplitud, véase César Vidal, *El legado de la Reforma*, pp. 339 ss.

religiosa no sólo aparecía radicalmente condenada en el Decálogo que Dios le había entregado a Moisés en el Sinaí (Éxodo 20:4 ss.), sino también en los profetas que habían puesto al desnudo no sólo el carácter idolátrico sino también profundamente estúpido de rendir culto a una imagen (Isaías 44:6-20) ya que, como señalaba el salmista,

> «Tienen boca, y no hablan; tienen ojos, y no ven; tienen orejas, y no oyen. Tampoco hay aliento en sus bocas. Semejantes a ellas son los que las hacen, y todos los que en ellas confían» (Salmo 135:16-18).

En paralelo, la Contrarreforma acentuó todavía más el uso de las imágenes e incluso el Concilio de Trento le otorgó un papel especial a la hora de excitar la fe de los fieles. De conductas tan distintas cabría haber esperado un florecimiento artístico en las naciones católicas y un eclipse en las reformadas. No fue así.

En el terreno de la pintura, es cierto que la Reforma respetó el mandamiento bíblico de no rendir culto a las imágenes, pero los artistas fueron extraordinarios. Es más, reflejaron una nueva realidad nacida de esa misma Reforma y su cosmovisión originada en la Biblia. Si comparamos a grandes pintores de la Europa católica como Velázquez y Rubens con no menos grandes pintores protestantes como Rembrandt, Brueghel, Cranach o Holbein encontramos dos sistemas sociales muy distintos. Los pintores católicos todavía retratan el absolutismo regio, los temas mitológicos, las escenas de santos y cuando se permiten acceder a la realidad

—como el genial Velázquez— lo que hallamos es un mundo de monarcas estúpidos, de validos ambiciosos y llenos de presunción, de borrachos, de enanos y de bufones. Rembrandt reflejó, por el contrario, una sociedad en la que el ser humano corriente no sólo había adquirido relevancia —la que no tenía bajo ningún concepto en la Europa de la Contrarreforma— sino que además protagonizaba cambios sociales de enorme importancia. Rembrandt, por supuesto, retrató escenas bíblicas con una delicadeza insuperable, pero también pañeros o médicos en medio de una lección de anatomía, oficio este último que no dejó de recibir en España los zarpazos de la Inquisición[9].

La Reforma devolvía su dignidad a todos los seres humanos sin excepción y además los colocó en el centro de la expresión pictórica no como derivados de la actividad aristocrática o regia sino como protagonistas de pleno derecho. La mujer común —no la santa, la monja o la aristócrata— pasó, por primera vez, a tener un lugar en las artes plásticas. Daba así un salto que sólo en el siglo XVIII se daría en naciones católico-romanas y entonces separándose de la ortodoxia católico-romana en mayor o menor medida.

Con todo, aunque la Reforma dejó huella significativa en la pintura y en las otras artes plásticas, su peso mayor se produjo en el terreno de la música una vez más guiada por la Biblia y sus referencias a instrumentos y coros. A inicios del siglo XVI, en el seno de la iglesia católica, la música

---

9 Sagrario Muñoz Calvo, *Inquisición y ciencia en la España moderna*, Madrid, 1977, pp. 179 ss.

era cantada en latín y se hallaba circunscrita a los coros eclesiales. La Reforma devolvió la alabanza de Dios al pueblo incluyendo a las mujeres. La manera en que lo hizo fue tan prodigiosa que, a día de hoy, nos parece natural lo que entonces, a inicios del siglo XVI, constituyó una verdadera revolución. De entrada, las canciones se compusieron en la lengua vernácula que entendían las masas. La polifonía tuvo que ser abandonada pasajeramente, pero todos los fieles participaron del canto.

Es más o menos conocido cómo un papel importante en esa revolución artística le correspondió a Lutero que amaba profundamente la música y que era intérprete y compositor. También se sabe que Lutero no estuvo solo en ese afán y que otros reformadores como Martín Bucero o Juan Calvino también compusieron hermosos himnos generalmente inspirados en el libro bíblico de los Salmos. Salterios como los de Ginebra, Lausana, Basilea y Mulhouse recogerían piezas cuya solemnidad y espiritualidad no han sido superadas. Incluso se puso de moda cantarlos en el hogar a modo de entretenimiento siendo algunas de sus figuras más estimadas Claude Goudimel o Claude Lejeune. El éxito de la devolución de la adoración al pueblo fue verdaderamente extraordinario y careció de un mínimo punto de comparación en el campo católico. En 1562 sólo el salterio de Beza contó con una edición de 24.700 ejemplares. Sí, la música para honrar a Dios había sido devuelta al pueblo y el pueblo la recibía con entusiasmo. Ese pueblo incluía, por supuesto, a las mujeres.

En 1956, Igor Stravinsky llegó a componer un arreglo de uno de los corales de Lutero. De hecho, para Stravinsky, la música clásica había tocado techo con el coral protestante. Se puede matizar o negar semejante afirmación, pero lo cierto es que nunca antes y nunca después experimentó la música un impulso semejante. De hecho, cuando Juan Sebastian Bach, el músico protestante por excelencia, comenzó a componer, ya existían más de cinco mil corales de inspiración reformada. No era mal antecedente para un genio que produjo cantatas, más corales y extraordinarias Pasiones que todavía hoy provocan admiración. Bach no fue, ni lejanamente, una excepción. Jorge Federico Haendel —que popularizó la música de la misma manera que Rembrandt lo hizo con la pintura— dejaría extraordinarios oratorios de los que *El Mesías* es el más conocido, pero no el único y probablemente tampoco el mejor. La huella de la Reforma en la música continuaría imparable y podemos decir que gloriosa hasta el siglo XX. Por ejemplo, Felix Mendelssohn —de origen judío, pero protestante— fue uno de los compositores más extraordinarios del período romántico al igual que Haendel lo había sido del Barroco y, por supuesto, no dejó de rendir homenaje a la Reforma. Ese nombre recibe y no es casualidad su Quinta sinfonía entre cuyos compases se puede reconocer el *Castillo fuerte* de Lutero.

Igualmente, la impronta de la Reforma puede seguirse en la continua redacción de himnos. Mencionar siquiera a los compositores de los mismos sería tarea colosal que excede de los límites de esta obra. Baste decir que sólo Charles Wesley, uno de los más geniales, escribió más de seis mil —sí, seis mil— de los cuales algunas docenas se siguen cantando a día de hoy y continúan siendo de lo mejor en el repertorio de música espiritual.

La extraordinaria superioridad de la música protestante tendría, al fin y a la postre, que ser reconocida por la misma iglesia católico-romana que ha absorbido con el paso de los siglos no sólo las obras de Haendel o de Bach —cuya música calificó el papa Benedicto XVI como la propia del cielo— sino buena parte de los temas más populares.

Este breve repaso al impacto colosal de la Reforma en la música cuenta con aspectos más o menos conocidos por el gran público. No sucede lo mismo con los aportes de las mujeres influidas por la Reforma a pesar de que no fueron pocas las que se entregaron a la creación artística. Por ejemplo, ¿cuántos que conocen el papel de Wesley en la composición de himnos conoce también la carrera de Georgia Harkness, extraordinaria intelectual, teóloga y música, autora, por ejemplo, de *Hope of the World*? O, por citar otro ejemplo, ¿cuántos que han escuchado el *Castillo fuerte* y saben que lo compuso Lutero conocen también el nombre de Susan Palo Cherwiene himnos como su *O Blessed Spring*? Es de temer que, lamentablemente, muy pocos. Se trata sólo de un par de ejemplos porque podríamos añadir a autoras como Susan Briehl, Carol Doran, Jeannette Lindholm, Carolyn Jennings, todas ellas profundamente inspiradas por el espíritu de la Reforma.

Esa entrada de las mujeres en el terreno de la composición se inició desde el principio con personajes como Elisabeth Cruciger, una amiga personal de Katharinavon Bora, la esposa de Martín Lutero. Al igual que Katharina, Elisabeth había sido monja y también como ella se casó con un pastor. Deseosa de alabar a Dios, Elisabeth se convirtió en una de las primeras compositoras de himnos de la Reforma.

Con todo, posiblemente la más importante de las compositoras inspiradas por la Reforma fuera Fanny Crosby que escribió en torno a nueve mil himnos. Algunos de ellos como *Grata certeza (Blessed Assurance)* forman parte de los clásicos intemporales de la vida cristiana. La vida de Fanny Crosby fue extraordinariamente difícil. Ciega a las seis semanas de nacer, pasó por períodos de tribulación como la epidemia de cólera de 1849 durante la cual atendió enfermos y entró en un proceso de depresión. De esa situación salió al comprender que tenía que dedicar su vida a Jesús. Dar ese paso implicó una reorientación de su existencia que tuvo como consecuencia directa su fecunda labor como compositora de himnos, unos himnos que, según propia confesión, nunca compuso sin antes orar al Señor.

Como en tantas otras áreas, la Reforma marcó un antes y un después en la Historia del arte y las mujeres. De seres excluidos —salvo como imágenes de vírgenes, santas o reinas— pasaron a ser tema real, partícipes directos y sistemáticos y, finalmente, artistas. De nuevo, se trató de un paso de gigante.

La mujer en la compasión

Una de las características del cristianismo bíblico es una conducta que suele aparecer en nuestras traducciones de la Biblia vertida como «compasión», pero que, en realidad, es un término griego que hace referencia a las entrañas que se conmueven ante la necesidad ajena. Jesús atendió a los que podían desfallecer por falta de alimento (Mateo 14:13 ss.); Santiago señaló que parte de la religión verdadera es socorrer a los huérfanos y a las viudas (Santiago 1:27) y Pablo indicó que el trabajo tenía como una de sus finalidades la de tener para compartir con los necesitados (Efesios 4:28).

Esa visión —que en la comunidad primitiva de Jerusalén llegó a un sistema voluntario de comunidad de bienes para atender a los necesitados (Hechos 4:32-5:11) y, con posterioridad, en las iglesias paulinas a un servicio para las viudas (I Timoteo 5:3 ss.)— comenzó a quebrarse durante la Edad Media. Lo que era una práctica comunitaria fue quedando en manos de la jerarquía y de las órdenes religiosas de tal manera que el sistema asistencial que surgió perpetuó la mendicidad como ocupación, el engaño como forma de obtener limosnas y una lucrativa industria de donativos que iban a parar a instituciones que luego los repartían en mayor o menor medida. La lectura de obras como *El lazarillo de Tormes* permite ver cómo la religión, a inicios del siglo XVI, cuando surgió la Reforma, era un más que consolidado mecanismo de aplicación de la picaresca a la vida cotidiana. A la abundancia de pobres y también la existencia de una mendicidad organizada la Reforma opuso un regreso a los valores recogidos en las Escrituras.

La Reforma captó desde el principio lo negativo que era un sistema asistencialista que animaba a no trabajar, que mantenía en una situación de dependencia miserable a los que recibían y que perpetuaba los males que apenas paliaba. En su análisis coincidía, por ejemplo, con el juicio acentuadamente negativo que siglos después manifestaría un personaje como Gandhi. Para la persona que recibía un plato de sopa el sistema asistencialista podía parecer bueno, pero, a medio plazo, se revelaba fatal al perpetuar situaciones de las que había que salir. Un ejemplo del aporte especial de la Reforma fue la *Bourse Française* establecida por Juan Calvino en Ginebra[10]. La finalidad de esta institución era albergar a los refugiados que venían huyendo de la violencia católica que reinaba en sus países de origen y prestar ayuda a los pobres.

Durante la década que fue de 1550 a 1560, unos sesenta mil refugiados pasaron por Ginebra, una cifra ciertamente considerable para la época y para los recursos de la ciudad. Sin embargo, los diáconos de las iglesias reformadas se ocuparon de prestar ayudas económicas temporales, entrenamiento laboral para encontrar trabajos e incluso herramientas para poder ejercer una labor. Por añadidura, atendieron los casos de abandono, a

---

10　Un estudio especialmente interesante sobre el tema en Jeannine Olson, *Calvin and Social Welfare: Deacons and the Bourse Française,* Cranbury, 1989.

los enfermos terminales, a las viudas y a los huérfanos. Todo ello sucedió de acuerdo a unas reglas que se aplicaban de manera tajante para evitar crear dependencia y, a la vez, ayudar a salir de la situación de necesidad.

Las ayudas debían entregarse sólo a gente que, en verdad, se encontraran en situación de necesidad y si se daban circunstancias que aseguraran que era gente digna de confianza. Las ayudas no debían cargarse a los presupuestos públicos sino derivar de donaciones privadas o eclesiales. Se intentaba que la persona hubiera asumido una ética del trabajo bíblica. Finalmente, la asistencia era temporal y no debía convertirse en la forma de vida.

Lejos de tratarse de algo eventual o provocado por una dificultad ocasional, el servicio de beneficencia debía ser algo continuo en la vida de la iglesia hasta el punto de que Martín Bucero llegó a afirmar que sin esa acción de los diáconos «no puede haber verdadera comunión de los santos»[11]. El mismo Calvino, en uno de sus sermones sobre Timoteo y Tito, llegó a realizar una afirmación enormemente significativa:

> «¿Queremos mostrar que hay una reforma entre nosotros? Tenemos que empezar en este punto, es decir, que tiene que haber pastores que lleven con pureza la doctrina de salvación y además diáconos que tengan el cuidado de los pobres».

La Reforma quedaba de manifiesto en dos conductas muy concretas. La primera era que los

---

11 Basil Hall, *Diaconia in Martin Butzer's Service in Christ*, Londres, 1966, p. 94.

pastores se apegaban a lo que enseñaba la Biblia especialmente en lo que se refiere a la doctrina de la salvación; la segunda, que los diáconos se ocupaban de los pobres.

Sin embargo, había que rehuir enérgicamente la formación de masas de la población que vivieran de los demás y también la creación de entidades que se mantuvieran sobre la base de esa circunstancia. La ayuda era ineludible, pero tenía que tratarse de una ayuda que permitiera a las personas salir de su necesidad y vivir una vida mejor y que evitara el parasitismo.

Ese espíritu se mantendría no sólo a lo largo de los siglos, sino que además iría nutriéndose con nuevos aportes y en ellos tendrían un papel de no poca relevancia las mujeres. Fue el caso, por ejemplo, de Elizabeth —Betsy— Fry, una cuáquera inglesa que llegaría a ser conocida como el «ángel de las prisiones». Fry llevó extensos diarios de su actividad lo que ha permitido que los historiadores pudieran reconstruir los hitos más importantes de su existencia. Huérfana a temprana edad, se convirtió escuchando a una predicadora cuáquera. Casada, tuvo once hijos —cinco varones y seis hembras— lo que no la impidió desarrollar una labor social extraordinaria.

En 1813, visitó la prisión de Newgate y quedó justificadamente horrorizada por las condiciones de vida de las reclusas. Mujeres y niños estaban hacinados, en muchos casos esperaban todavía juicio, debían ocuparse de su alimentación y dormían sobre paja en pequeñas celdas. Tras fundar una escuela para los hijos de las reclusas, en 1817 fundó la Asociación para la Reforma de los Presos Femeninos en Newgate. Comenzando con la enseñanza de oficios a las reclusas, en 1821, creó la Sociedad de Damas Británicas para promover la reforma de las reclusas femeninas. En los años siguientes, las ideas de rehabilitación y trato humano de Fry se fueron imponiendo poco a poco. Tras la redacción de su libro *Prisons in Scotland and the North of England (Prisiones en Escocia y el norte de Inglaterra)*, en 1818, fue la primera mujer en presentar ante el parlamento inglés pruebas de una cuestión, en este caso, de las condiciones existentes en las cárceles británicas.

Elizabeth Fry llevó a cabo una labor extraordinaria en las prisiones, pero no se limitó a esa labor. Ayudó a los sin techo, estableciendo un albergue nocturno en Londres y en 1824, creó la *Brighton District Visiting Society (la Sociedad Visitadora del Distrito de Brighton)* cuya finalidad era conseguir voluntarios para visitar los hogares de los pobres y proporcionarles consuelo y ayuda material. El hecho de que el negocio de su esposo quebrara no detuvo la labor de Elizabeth Fry que recibió el respaldo directo de Federico Guillermo IV de Prusia o de la reina Victoria. Ciertamente, la historia del sistema penitenciario tiene un antes y un después en Elizabeth Fry.

Entre las tareas acometidas por Elizabeth Fry, estuvo la de abrir una escuela para enfermeras, pero el gran avance en ese terreno se produjo con otra mujer también inspirada por la visión bíblica recuperada por la Reforma. Se llamaba Florence Nightingale y había nacido en el seno de la clase alta inglesa en 1820. En febrero de 1837, Florence escuchó la voz del Señor que la llamaba a «un futuro de servicio», un servicio además en el que debería estar dispuesta a perder su reputación. Sintió igualmente que el servicio debería desarrollarse en el terreno de la enfermería y, en contra del criterio de su familia, comenzó a estudiar con esa finalidad. Florence Nightingale cambió radicalmente la visión de las enfermeras. Hasta entonces habían sido poco menos que soldaderas que poco o nada aportaban al cuidado de los enfermos. Todo eso cambió con Florence hasta tal punto que puede decirse que las enfermeras contemporáneas son una herencia directa de su abnegada labor.

Más que notable fue también el papel de mujeres inspiradas por la Reforma en la lucha por abolir la esclavitud. Destacada fue la contribución de cuáqueras como la citada Elizabeth Fry, pero la campaña para acabar con semejante lacra de la Humanidad no se limitó a esa denominación. Un caso especial fue el de Sojourner Truth. Nacida en 1797, como la esclava Isabella Baumfree, en 1826 se evadió con su hija. En esa ocasión, el Señor le mostró una visión del hogar donde vivía un matrimonio de cuáqueros llamados Isaac y María Van Wagenen. Los Van Wagenen compraron a la joven negra a su dueño y la pusieron en libertad. Un par de años después, tuvo una experiencia que cambió radicalmente su vida. Según relataría en su autobiografía, Dios se le reveló mostrándole que no había un lugar del universo donde no estuviera y que Jesús la amaba.

En 1843, la liberta cambió su nombre por el de Sojourner Truth tras sentir que el Señor le ordenaba «testificar de la esperanza que había en ella»[12]. En 1851, causó una enorme sensación en la Convención de Mujeres en Ohio al pronunciar una predicación titulada *Ain't I a Woman (Acaso no soy una mujer)*. A partir de entonces, su repercusión social fue inmensa. Harriet Beecher Stowe, la autora de *La Cabaña del tío Tom*, contaría lo impresionada que había quedado con ella en el curso de una cena ofrecida a pastores y abolicionistas. Algo semejante sucedió cuando se entrevistó con el presidente Abraham Lincoln.

Sojourner Truth, una mujer cuya instrucción prácticamente se limitaba a la Biblia y las predicaciones que había escuchado, tuvo una enorme influencia en el movimiento abolicionista y en la defensa de los derechos de las mujeres. De manera bien reveladora, solía comentar que su punto de partida en una predicación era siempre «Cuando encontré a Jesús».

Como tantos otros aspectos que merecerían un tratamiento amplio y atento, la historia de las cristianas implicadas en la obra social está por escribir y, en estas páginas, sólo nos estamos deteniendo en algunos pocos ejemplos de una trayectoria extraordinaria de siglos. Entre ellos, podría mencionarse el caso de madame Jules Mallet que

---

12 The Norton Anthology of African American Literature, 3rd Edition, Vol 1.

se dedicó a ocuparse de los niños, los reclusos y los enfermos; el de Jenny d´Héricourt, Henriette-Guizot de Witt y Julie Siegfried que combatieron la prostitución y la trata de blancas y defendieron la igualdad de derechos entre hombres y mujeres en Francia; y el de Catherine Booth, predicadora callejera y cofundadora al lado de su esposo del Ejército de Salvación. A diferencia de los personajes turbios del mundo secular —precursoras del feminismo actual— que tan bien fueron retratados en la novela de Henry James titulada *Las Bostonianas*, todas estas mujeres extrajeron de las Escrituras una cosmovisión que tradujo sus poderosos llamados espirituales en ministerios difíciles, arduos, sin recompensa social, no pocas veces peligrosos, pero que implicaron siempre un cambio positivo de la Historia y que dejaron de manifiesto el inmenso poder de Dios y de Su Palabra.

En la lucha contra la esclavitud, en la creación de obras sociales para ayudar a los pobres, a los desvalidos, a los reclusos y a las prostitutas; en la fundación de sociedades para la promoción de la mujer, en todos y cada uno de estos terrenos antecedieron a los movimientos socialistas y a los feministas, pero sin enarbolar una bandera de oposición al sexo masculino ni tampoco desnaturalizar a las mujeres. Por el contrario, enraizaron su labor fecunda y sublime en las verdades contenidas en la Biblia. Sin la menor duda, la Historia quedó alterada de manera dramática y positiva por la Reforma, pero en una de las áreas donde resultó más acentuado ese cambio fue en la vida de las mujeres.

CONCLUSIÓN

La mujer aparece en la revelación bíblica dotada de una extraordinaria relevancia y dignidad. Incluso en el mundo limitado en tantos aspectos del Antiguo Israel, gozó de una consideración notablemente superior al de los otros contextos históricos. Esa situación experimentó un vuelco de consecuencias extraordinarias con la predicación de Jesús de Nazaret. De ser un personaje de segunda categoría, tutelado y con una más que limitada esfera de actividades, la mujer pasó a convertirse en un ser considerado en pie de igualdad con el varón, inserta en el seno de una comunidad donde ni siquiera existía diferencia entre judío y gentil e incluso integrada en el servicio de un colectivo que tampoco diferenciaba entre esclavos y libres.

Buena parte de los movimientos que, actualmente, afirman defender a la mujer han reducido esa conducta a convertirla en lo más grosero, sórdido y degradado que pueda ser un varón. En acentuado contraste, el cristianismo no consideró que el adulterio femenino pudiera ser un avance social sino que indicó que era tan pernicioso como el del varón. Tampoco asumió que la destrucción de la vida de un niño era tan lógica como la de una niña sino que intentó salvar ambas. Incluso, señaló un modelo para el amor de los esposos y éste no fue otro que el del amor indescriptible de Jesús por su pueblo.

Semejantes avances quebraron de manera espectacular y trágica en el siglo IV d. de C., aunque ya habían sido objeto de asedio en tiempos anteriores. A medida que la teología se vio impregnada de corrientes paganas y que los que la escribían eran célibes obligatorios, las mujeres se vieron pintadas con colores cada vez más siniestros al igual que sucedía con la sexualidad e incluso con el matrimonio reducido a la categoría ínfima de fornicación legalizada. La situación espiritual óptima era la de la castidad perpetua y aquellos que se amaban y tenían hijos debían ser considerados de manera aviesamente negativa. En esa caracterización de la mujer con los colores más siniestros, incluso se la calificó de «puerta del Diablo» y se la consideró, por ejemplo, más predispuesta a la hechicería que al varón. Fueron incapaces de ver aquellos «santos» que era su propia inmundicia la que proyectaban psicológicamente sobre las mujeres. Para añadir al insulto la herida, algunos de ellos conformarían la teología oficial católico-romana durante siglos.

De esas simas de increíble bajeza moral y de aciago abandono del mensaje de las Escrituras, pudo salir el género humano gracias a la Reforma que convirtió la recuperación de la Biblia en su primera misión. El sexo y el matrimonio, la familia y la relación conyugal, las artes plásticas y la música, la alabanza a Dios y la literatura, el funcionamiento de las iglesias y la compasión fueron algunos de los aspectos afectados por la Reforma que, a su vez, cambiaron drásticamente la situación de la mujer. Así ha quedado de manifiesto, aunque sea de manera sucinta, en las páginas anteriores.

Sin embargo, lo expuesto en las páginas precedentes no es una reflexión, por valiosa que pueda resultar, que afecta únicamente al pasado. Constituye más bien una plataforma práctica para enfrentarse con problemas seculares, que siguen existiendo en la actualidad y que se prolongarán durante siglos de no corregirse. En la actualidad, con una ideología de género que pretende aniquilar los conceptos naturales de sexualidad, de familia y de relación entre sexos constituye una obligación más perentoria que nunca la de volverse a la Biblia, la de examinar los caminos de ese gran esfuerzo de recuperación de las Escrituras que fue la Reforma y la de dar una respuesta a los desafíos, no pocas veces pavorosos, de nuestro tiempo. El resultado puede ser una relación como la descrita por los reformadores o por los injustamente insultados puritanos. Se trataría de esa relación en la que el hombre y la mujer se unen armónicamente consiguiendo sublimes melodías de amor, en la que un proyecto de vida fecunda y feliz se convierte en realidad, en que las familias se fortalecen como células básicas de la sociedad, en que tiene lugar el inicio de un proceso educativos y en que se comienza a vivir el Reino de Dios, aquel que debe ser buscado por encima de todo (Mateo 6, 33). Si este breve libro ha contribuido algo a avanzar hacia esa meta, su autor se sentirá más que satisfecho.

BIBLIOGRAFÍA

Además de la bibliografía consignada en las notas a pie de página, pueden utilizarse para ampliar cuestiones relacionadas con la Reforma las obra siguientes.

A.E. McGrath, *Reformation Thought. An Introduction*, Oxford, 1999.

A.G. Dickens, *Martin Luthers and the Reformation*, London, 1967.

A. Pettegree, *The Early Reformation in Europe*, Cambridge, 1992.

A. Pettegree, *The Reformation World*, London, 2000.

Albert Greiner, *Luther: Es saibio graphique*, 1970.

Albert Greiner, *Martin Luther, oul'hymne à la grace*, Paris, 1966.

Atkinson, James, *Luther's Early Theological Works*, London 1962.

Atkinson, James, *Martin Luther and the Birth of Protestantism*, London, 1968, 1982.

Atkinson, James, *The Trial of Luther*, New York: Stein and Day, 1971.

B. Lohse, *Martin Luther: an introduction to his life and work*, Edinburgh, 1986.

B. Scribner, R. Porter and M. Teich, *The Reformation in National Context*, Cambridge, 1994.

Bainton, Roland, H., *Bibliography of the Continental Reformation*, 1935.

Bainton, Roland, H., *Luther's Struggle for Faith*, Church History, XVII, 1948.

Bainton, Roland, H., *Review of Boehmer's Road to Reformation*, Church History, XVI, 1947.

Bainton, Roland, H., *The Development and Consistency of Luther´s Attitude Toward Religious Liberty*, Harvard Theological Review, XXII, 1929.

Baylor, Michael G, *Action and Person: Conscience in Late Scholasticism and the Young Luther*, Leiden, 1977.

C. Lindberg (ed), *The European Reformation Sourcebook*, Oxford 2000.

E. Cameron, *The European Reformation*, Oxford, 1991.

Émile G. Léonard, *Histoiregénerale du portestantisme*, Paris 1961, London, 1965.

Erikson, Erik H., *Young Man Luther*, London, 1958.

Ernest G. Schwiebert, *Luther and His Time: The Reformation fro a New Perpective*, St. Louis, 1950.

H.J. Hillerbrand (ed), *The Oxford Encyclopaedia of the Reformation*, 4 vols, Oxford, 1996.

Harold J. Frimm, *The Reformation Eve*, New York, 1965.

Hughes, Philip, *The Revolt against the Church: Aquinas to Luther*, London, 1960.

J.D., Tracy, *Europe´s Reformations 1450-1650*, Lanham and New York, 2000.

Jean Delumeau, *Naissance et affirmation de la Réforme*, Paris, 1973.

Joseph Lortz, *Die Reformation in Deutschland*, Freiburg, 1939, New York, 1968.

Kidd, Beresford James, *Documents Illustrative of the Continental Reformation*, Oxford, 1911.

Köstlin, Julius, T*he Life of Luther*, 1905.

Köstlin, Julius, *Martin Luther: His life and Writings*, 1875.

Küng, Hans, *Justification*, London, 1981.

Luther, Martin, T*he Works of Martin Luther*, Philadelphia: Muhlenberg Press, 1943.

O. Chadwick, *The Early Reformation on the Continent*, Oxford, 2001.

O. Chadwick, *The Reformation*, London, 1964.

O´Hare, P. F, *The Facts about Luther*, New York, 1916.

O´Malley, John W. *Catholic Reform, in Reformation Europe*, St. Louis, 1982.

Oakley, Francis, *Conciliarism in the Sixteenth Century: Jacques Almain Again*, 1977.

Oberman, Heiko A., *Reformation: Epocheoder Episode*, 1977.

Pauck, Wilhelm, *Heritage of the Reformation*, 1950.

Ryken, Leland, *Worldly Saints*, Grand Rapids, 1990.

Setz, Wolfram, *Lorenzo Vallas Schriftgegen die konstantinischeSchenkung: De false credita et ementitaConstantini donation: ZurInterpretattion und Wirkungsgeschichte, Tübingen*, 1975.

Swilder, Leonard, T*he Uses and Abuses of History: Reappraising the Reformation, Commonweal*, 81, 1964.

Todd, J. M, Martin Luther: *A Biographical study*, London 1964.

Todd, J. M, *Luther: A Life*, New York, 1982.

Torrance, Thomas, F, *Christian Theology and Scientific Culture*, Belfasta, 1980.

Vidal, César, *El Caso Lutero*, Madrid, 2004.

Vidal, César, *La herencia del cristianismo*, Tyler, 2014.

Vidal, César, *El legado de la Reforma*, Tyler, 2016.

OTROS LIBROS DEL AUTOR

La herencia del cristianismo

El legado de la Reforma

El pecado de Sodoma

Primavera en el camino de las lágrimas

El libro prohibido

Libros bilingües infantil

El hombre luchó contra un león - The Man Who Fought a Lion

El día que llegó la peste - The Day the Plague Came

El ángel de las prisiones - The Angel of the Prisoners

ACERCA DEL AUTOR

César Vidal es doctor en Historia —Premio extraordinario de fin de carrera— Derecho, Filosofía y Teología. Su abundante obra literaria se relaciona con la investigación histórica, el ensayo y la ficción. Ha recibido numerosos premios literarios (Las luces, Ciudad de Cartagena, Ciudad de Torevieja, Jaén, Algaida, Finis Terrae, Espiritualidad MR, etc.) habiéndose traducido sus libros a una decena de lenguas. Figura indiscutible de los medios de comunicación —Premios Antena de Oro, Micrófono de Plata, Hazte oír, Pluma de oro de las víctimas del terrorismo— su página web (www.cesarvidal.com) y sus páginas de Facebook (César Vidal y Es la noche de César) son visitadas a diario por decenas de miles de personas. Convencido defensor de la libertad y activista reconocido de los Derechos Humanos, ha recibido reconocimientos de ORT México, YAD Vashem Supervivientes del Holocausto de Venezuela, Fundación Hebraica, Jóvenes contra la intolerancia y otras entidades. Miembro de la Academia norteamericana de la lengua española en los Estados Unidos. Entre sus obras más conocidas destacan: *El Testamento del pescador; El Holocausto; El Hijo del Hombre; La ciudad del azahar; El fuego del cielo; y su trilogía: Jesús, el judío; Buda, el príncipe y Mahoma, el guía.* Es también autor del Nuevo Testamento interlineal griego-español. Entre sus obras más conocidas en el terreno de la literatura infantil y juvenil destacan: *La mandrágora de las doce lunas* (Premio ciudad de Cartagena, 2000). *La leyenda de AlQuit,* (Lista de honor del Premio CCEI, 2000). *El último tren a Zurich* (Premio a Jaén, 2004). *El perro de Gudrum* o su triología, *El sabio* que llegó a crear un alfabeto específico. Actualmente, vive exiliado en el sur de los Estados Unidos.

CESAR VIDAL

THE WOMEN AND THE REFORMATION

CESAR VIDAL

WOMEN
AND THE
REFORMATION

YWAM Publishing
www.ywampublishing.com

P.O. Box 1138 Tyler, TX 75710-1138

YWAM Publishing is the publishing ministry of Youth With A Mission (YWAM), an international organization.

For a free catalog of books and materials:
YWAM Publishing
P.O. Box 55787 Seattle, WA 98155 U.S.A.
Telephone: (425) 771-1153, (800) 922-2143
www.ywampublishing.com

Women and the Reformation
by Cesar Vidal

Copyright © 2022 by YWAM Publishing
Cover design: Joshua Hernández

Library of Congress Cataloging-in-Publication Data is on file at the Library of Congress.

ISBN 978-1-576-58960-1

Unless otherwise noted, Scripture quotations in this book were translated directly from the Greek text by the author.

Printed In Colombia
Printed by Editorial Nomos S.A.

Contents

Introduction

For decades the Reformation has been a focus of study for me. The 1970s had not yet ended when I wrote a rather lengthy article examining the pros and cons of the person and work of Martin Luther. It was a fledgling and somewhat ingenuous work, but already a firm step into territory I would be treading for many years. I returned to the subject of the Reformation, dedicating some chapters in both *El legado del cristianismo en la cultura occidental* (*The Legacy of Christianity in Western Culture*) and *La herencia del cristianismo* (*The Heritage of Christianity*), which amended, further developed, and expanded on my earlier work. Even so, it wasn't until this present century that I took a much deeper look at a spiritual phenomenon that changed the history of the world. In 2008 I received the Finis Terrae essay prize for a work titled *El caso Lutero* (*The Case of Luther*) in which, based on a considerable number of sources—is there any other way to write history?—I described the antecedents of the Reformation. I considered the reasons for the Reformation—recognized even by prestigious Roman Catholic authors—as well as its beginnings, which of course involved Luther but also other important figures. The book included a large appendix of documents, providing the reader a direct and clear path toward more understanding of this period.

Nevertheless, until now my largest and best contribution to the analysis of the Reformation has been *El legado de la Reforma* (*The Legacy of the Reformation*), published in 2016. In it I again took a look at many of the aspects I had examined in *El caso Lutero*. In addition, I focused on what the Reformation meant in cultural terms and on the way it marked a difference that still exists today between countries, seen clearly in Europe and the Americas. I also addressed how the Reformation can be a beacon of light in today's world as we tackle problems that have persisted and will quite probably persist into the future. Even though *El legado de la Reforma* comfortably exceeded four hundred pages, there were aspects in various chapters that I could only address in passing but that certainly deserved a monographic study. One of these aspects—though by no means the only one—was the subject of women.

Studies on women have unfortunately become trendy, in the same way that not long ago there was an abundance of studies on the poor. Though a few have made interesting contributions, I am afraid that the majority have been coated with an ideological patina that has deprived them of scholarly rigor and seriousness. Simply put, they are the fruits of a trend of unknown duration, but at the moment the trend exists and even receives lucrative government funding. Under no circumstance do I want to

be included in that group, if for no other reason than the fact that I first wrote on the subject of women—and in some cases not without substantial controversy —before the 1970s had even ended.

In the present work I have attempted to examine, at least as an overview, how two closely related phenomena, the early growth of Christianity and the Protestant Reformation of the sixteenth century, influenced an enlightened view of women. Both phenomena were deeply and firmly rooted in Scripture, but while the former involved a spiritual explosion in fulfillment of the promises of God, the latter was an attempt to return to the early purity that unfortunately had been adulterated throughout the Middle Ages.

Therefore, in the first part of this historical work, I concentrate on early Christianity—for decades another preferred area of study—and especially on how its view of women clashed head-on with the view held by the classical world and even by the nation of Israel. Nowhere before in the history of humans were women viewed with more dignity or respect than in the first Christian communities, and indeed they responded to this teaching in ways that were not surprising.

The second part of the book deals with a terrible phenomenon that cannot and should not be ignored in any analysis of Christianity. I refer to the way in which Christianity became the state religion of Rome, barely Christianizing it but becoming profoundly paganized itself. Unfortunately, as

also happened with so many other early Christian teachings, the massive paganization that took place in the fourth century AD brought an end to the incredibly positive impact that Christianity had had on women. Thus, the Middle Ages saw the introduction of an alien view—one that was profoundly negative—of sexuality, the family, and women, from which Roman Catholicism has not been able to free itself to this day.

Only after describing these two preceding circumstances, as summary as the description may be, is it possible to approach the third part of the book, which examines the impact of the Reformation of the sixteenth century on the view of women.

The author is confident that this work can introduce people to a problem that, unlike fashions, has age-old importance. This has special currency today, given the trends that attempt to set aside the teachings of the Bible and are seen as superior to it. Readers can decide for themselves whether or not I have succeeded.

I cannot end this introduction without mentioning several people who were especially helpful with their suggestions and initial readings during the writing of this book. These include Viviana Vclie of Editorial JUCUM, with whom I first discussed the possibility of writing the book; Misty Grant, president of Logos University, who read some of the chapters in an early draft; Yelena Isabel Pineda, who labored with the text and editing; and Galyna Kalinnikova, my extraordinary assis tant who worked with me until the final strokes

were added. All of them—all women, by the way—
have my deepest gratitude. Unquestionably, this
book would have been the poorer without them. I
will not keep readers any longer; the book awaits
you.

Miami, Florida
March 2018–May 2019

Abbreviations

CCSL Corpus Christianorum: Series Latina

CSEL Corpus Scriptorum Ecclesiasticorum Latinorum

EPE Ellines Pateres tis Ekklisias (Greek Fathers of the Church)

PG Patrologia Graeca

1

Women in the Time
of Early Christianity

That Wonderful, Tragic Classic World

It is a commonly heard but totally inaccurate belief that Christianity was imposed on paganism by virtue of brute force. Christianity, intolerant and uneducated, the theory goes, rose victorious thanks to imperial support and eliminated a tolerant, enlightened, and thriving paganism. Naturally this theory is easily manipulated to become a dialectic weapon against Christianity and in favor of supposed humanistic virtues of pagan society. However, historical reality, derived from a variety of sources, is very different. The truth is that paganism amply demonstrated its intolerance as time and again it persecuted Christians who were a peaceful religious minority. In contrast to the Jews who rose up in AD 66 as well as at the beginning of the second century under Bar Kokhba, to cite just two of the more salient examples, Christians did not use weapons to fight the Roman Empire a single time.

It is important to recognize that there was a patent collision of values between these two world-views. An obvious example of this was in how women were viewed and their status.

Roman law was developed on the basis of free, male Romans. Little attention was paid to women, non-Romans, or slaves, except if one happened to cross paths with one of them. The latter were considered *res*, a word that in Latin means "thing" and that in Spanish ended up meaning, for no apparent etymological reason, "head of cattle." There are numerous examples from sources that support our thesis. Let us look at the status of women.

Classical culture, arising from Greek and Latin roots, was anything but benevolent toward women. As Burckhardt pointed out, "A woman is, well, just a thing, a means to an end."[1] His assessment was not hyperbole. In cultured Athens[2]—one of the most important cities of ancient and even world history, where the apostle Paul preached the gospel—a woman's condition was, with no exaggeration, horrible. Aelianhas preserved for us Demosthenes's witty observation that Athenians only recognized three types of women: the hetaera—a kind of courtesan—for pleasure, slaves for daily use, and wives for bearing legitimate children and performing domestic chores.[3] It would

1   J. *Burckhardt, Historia de la cultura griega,* vol. 5 (Barcelona: Ediciones Iberia, 1971), 178.
2   On the condition of women in Greece, see M. Finley, *Economy and Society in Ancient Greece* (New York: Viking, 1982); M. Guttentag and P. E. Secord, *Too Many Women? The Sex Ratio Question* (Beverly Hills: Sage, 1983); S. Pomeroy, *Goddesses, Whores, Wives, Slaves: Women in Classical Antiquity* (New York: Schocken, 1975).
3   Aelian, Varia historia 12.5, 14.35.

be difficult to find a more utilitarian and dehumanizing view of women. Nevertheless, their misfortunes began a long time before they reached womanhood. To begin with, the number of women was curtailed because of the common practice of female infanticide. In addition, they were provided little or no education—Menander declared in an unidentified minor fragment that "he who teaches his wife to write is ill-advised because he is providing more venom to a serpent"—and marriage was arranged in infancy, with the ceremony held when the young girl barely reached puberty and in some cases before.

In legal terms, the status of a woman was similar to that of a child, although in practice her true condition was more like the property of a man. What is more, even though a woman could own some property, that property rested in the hands of the man who ruled her life. He certainly did rule over her, and not benevolently. If it came to it, a man could divorce his wife without compensation of any kind by simply putting her out of the house. This was the mandatory legal procedure if the woman, for example, had been raped. As for the woman, if she wanted a divorce, she was constrained by the fact that a male member of her family had to agree to defend her in court.

Naturally, this situation was justified by explanations of a philosophical nature. Aristotle—who had an enormous influence on medieval philosophy—declared in his *Politics* that "the male is by nature superior and the female inferior; the male

rules and the female is ruled over: this essential principle extends over all of humanity."[4]

If this was the state of things in the city where democracy was born and philosophy flourished, conditions for women in Rome were at least as bad. As in Greece, even in the well-to-do classes, "a woman is a large child who has to be cared for because of her dowry and her noble father."[5] It goes without saying that the situation was no better for women of other social classes. A study of Roman epigraphic sources reveals that the majority of Roman women were married when they were still little girls.[6] In other words, in many cases they had not even reached puberty when they entered into marriage. Women from higher classes were not exempt from this. Rather the opposite. Thus, Octavia was married at eleven years of age, Agrippina at twelve. Tacitus married a young girl of thirteen, and Quintilian, the Spanish master of Latin grammar, had his first child by his wife of the same age. Plutarch notes that Romans gave their daughters in marriage when "they were twelve years old or younger,"[7] and we find similar accounts by other historians such as Dio Cassius. It is true that Roman law considered twelve to be the age of marriageability for women, but even this boundary

4   Aristotle, Politics 1.5 (author's translation).
5   P. Ariés and G. Duby, eds., A History of Private Life: From Pagan Rome to Byzantium (Cambridge, MA: Belknap, 1987–1991),1:53.
6   Still classic is the article by K. Hopkins, "The Age of Roman Girls at Marriage," Population Studies 18 (1965): 309–27. Another interesting study based particularly on inscriptions is A. G. Harkness, "Age at Marriage and at Death in the Roman Empire," *Transactions of the American Philological Association* 27 (1896): 35–72.
7   Plutarch, quoted in Hopkins, "Roman Girls," 314.

was not always respected. In reality, a girl could be married at a younger age but was only considered a legal wife when she reached the age of twelve. Archaeological evidence reveals that marriages—even if celebrated before the girl reached the age of twelve—were consummated.[8] Criticism of this practice was nonexistent, and so it comes as no surprise that Roman law included penalties in cases of adultery for those under the age of twelve.[9]

The fate of girls was of course unenviable, and yet, in the context of the times, they were in fact fortunate if they at least reached marriageable age. Infanticide, the killing of infants, was not only common in the ancient world but was completely tolerated and lawful. Hence Seneca, despite the moral stature of many of his works, considered it quite reasonable to drown newborn children, and of course the idea of keeping an unwanted child alive was flatly rejected by society. It must be remembered that the renowned Roman historian Tacitus decried the fact that Jews considered it a "sin to kill an unwanted child," calling this view "sinister and disturbing."[10] These men were not the exceptions. The eminent Greek philosophers Plato and Aristotle recommended infanticide as a state policy.[11]

Of course, the children who were abandoned or killed after birth were of both sexes, but this sad fate

---

8   For more on marriages that were consummated even before the wife reached puberty, see M. Dury, "Le mariage des filles impubères dans la Rome antique," Revue Internationale des Droits de l'Antiquité, ser. 3, 2 (1955): 263–73.
9   For more on this, see Hopkins, "Roman Girls."
10 Tacitus, Histories 5.5 (author's translation).
11 Plato, Republic 5; Aristotle, Politics 2.7.

befell females and the sickly with glaring preponderance. It is interesting to read what a certain man named Hilarion wrote about this in a private letter to his wife, Alis, who was expecting a child: "Know that I am still in Alexandria; and do not worry if all of them return and I stay in Alexandria. I pray you take care of our little boy, and as soon as they pay me, I will send you the money. If you give birth, keep him if it is male, and if it is female *get rid of her.* You have written to me to not forget you. How could I forget you? I beg you not to worry."[12]

Hilarion, a loving husband and affectionate father, even if only toward his male children, was not a marginal case. He was simply an example of what existed in the legal codes and everyday practice. The Twelve Tables, one of the historical pillars of Roman law, for example, allowed a father to abandon any female or male child, although in the case of males the child had to be weak or crippled.

Indeed, recent excavations in a Mediterranean city revealed that, of the dozens of babies tossed to their death during that era, the vast majority were females.[13] The fact that men outnumbered women 130 to 100 in Rome and 140 to 100 in Italy, Asia Minor, and Africa[14] was a consequence of the nonexistent regard that society had for the female sex.

12 Hilarion to Alis, P. Oxy. 744 (emphasis added).
13 L. E. Stager, "Eroticism and Infanticide at Ashkelon," *Biblical Archeology Review* 17 (1991): 34–53. These babies were only a few days old when they were abandoned, according to P. Smith and G. Kahila, "Bones of a Hundred Infants Found in Ashkelon Sewer," *Biblical Archeology Review* 17 (1991). 47.
14 J. C. Russell, *Late Ancient and Medieval Population* (Philadelphia: American Philosophical Society, 1958), 14ff.

Indeed, how could it be otherwise, since it was rare for a family to allow more than one daughter into its fold? According to an archaeological study conducted by Lindsay of six hundred families in one of the cities of the empire, only six—that is 1 in 100—had more than one daughter.[15]

Keeping in mind that it was truly fortunate for girls to survive to puberty, only to be promptly married off, it should not surprise us that the role of women in pagan religions was, in general, also minimal. The New Age movement—so ahistorical and unfounded in almost its entirety—has in recent decades emphasized a message that sets a supposed patriarchal Christianity against a happily feminine paganism. From a viewpoint of propaganda, this may be an attractive message, but from a historical point of view, it is utter nonsense. There certainly were women who on occasion played a role in some pagan temples and shrines. However, the religious groups they belonged to and the centers where they carried out their functions were so peripheral that their importance was very limited in pagan society. In addition, often the women involved in ceremonies—as, for instance, the bacchantes—did nothing more than become drunk and lose control. At the same time, other pagan religions such as Mithraism allowed only men to participate. In general, pagan religions did not grant women a better position than what they had in society, and that stands to reason.

15   J. Lindsay, *The Ancient World: Manners and Morals* (New York: Putnam, 1968), 168.

And Also Israel

The Jewish world, on the other hand, held women in greater esteem than the Hellenistic world. Certainly the idea that a female baby could be aborted, killed at birth, or abandoned was unthinkable. Still, a woman's social status was different from a man's and was clearly subordinate. During the time of her menstruation she was considered ritually unclean, or *nidah*, a state that recurred after sexual relations and giving birth, among other things. And although in theory she was free to consent to or refuse a husband chosen by her family, it seems that in general a woman accepted what was really a fait accompli. Of course, the death of a husband was a tragedy of such magnitude that the widow, along with the orphan, was seen as the epitome of a person in need (e.g., Ps. 68:5; Isa. 1:17; Zech. 7:9–10). Furthermore, it was generally quite unusual for a woman to have access to education.

In contrast to both worldviews, that of the classical world and that of Judaism, both of which were socially accepted and built into the legal systems, Christianity offered a view that was purely and simply extraordinary. To begin with, Jesus behaved in ways that contrasted sharply with various aspects of Jewish culture. An eloquent illustration of this is seen in his attitude toward women. Jesus treated them with a closeness and familiarity that drew the attention of even his own disciples, who could not understand such conduct (John 4:27). Unlike the rabbis of his time, who would never have approached a woman—after all, who would

risk ritual impurity from contact with a woman who might be menstruating?—Jesus spoke repeatedly in public with them, even in sensitive situations (Matt. 26:7–10; Luke 7:36–50; John 8:3–11). Not only that, but he made them protagonists in stories about good behavior in a decidedly patriarchal culture (Matt. 13:33; 25:1–13; Luke 15:8) and even publicly praised their virtues (Matt. 15:28).

In contrast to pagan and Jewish sources, we find several accounts where women were the object of Jesus's attention (Matt. 8:14–15; 9:20–22; 15:22–28; Luke 8:1–3; 13:11–13). If that were not enough, women even became his disciples, another reprehensible situation not only for pagans but also for Jews (Luke 8:1–3; 23:55). To the surprise—and probably scandal—of his contemporaries, Jesus integrated women into his group of followers and did not treat them as inferior to men.

The same occurred later with Jesus's disciples. Paul boldly proclaimed that within the Christian community there were no differences between men and women, just as there were none between slaves and free persons or Jews and Gentiles (Gal. 3:27–28). One has only to examine paleo-Christian sources to understand that such a statement was not merely wishful thinking. In his letter to the Romans (16:1ff.), for example, Paul mentions a large number of co-laborers, of whom nearly half were women. Among them we find Phoebe (16:1–2), deaconess of the Christian community in Cenchreae, and Junia, who is described as "outstanding among the apostles" (16:7).

References to women in ecclesial positions are also found in other Pauline writings such as his

Pastoral Letters. Thus in 1 Timothy 3:11ff. Paul lists the requirements women needed to fulfill in order to become deaconesses. Nonetheless, Paul reached a degree of boldness that must have scandalized not a few when he indicated that husbands—lords and masters over their wives—must love them in the same sacrificial way as Jesus loved the church (Eph. 5:25–26). This passage may seem rather commonplace in the minds of many people today, but it is enormously important and reveals the immense emotional and spiritual depth of a conjugal relationship. A woman was no longer property with which the husband could do what he wanted. Rather, she now became the beneficiary of a love so sublime that it was equated with the image and likeness of the greatest Love history has ever known.

Paul was not the only one to speak about the role of Christian women. Pliny the Younger, writing about the persecution unleashed against Christians, states that he had tortured two young women "who were deaconesses."[16] We find similar testimonies in the writings of Clement of Alexandria and Origen, as well as in decisions by church councils. The Council of Chalcedon in AD 451, for example, set forth conditions for women to be admitted to the diaconate.

Nevertheless, the fact that women could be involved in religious ministry clearly was not what most attracted women to the new faith. The essential

16   Pliny the Younger, Letter 10. Women as deaconesses was not unusual. B. B. Thurston in *The Widows: A Women's Ministry in the Early Church* (Philadelphia: Fortress, 1989), a study that can be considered classic, maintains that the considerable number of female martyrs reveals that Roman authorities had identified them as having certain ministerial positions in the early church.

factor was the very different way in which women were regarded in Jesus's teachings—which had, quite literally, life and death consequences. To begin with, Christianity unconditionally condemned infanticide, with no exceptions. With regard to this, there was of course no preference of sex, but given what we have seen, there is no doubt the main beneficiaries were female newborn babies. Taking the life of a baby was considered morally pernicious, and in contrast to Hilarion in his letter, Christians made no exception in the case of girls.

Pagan culture, of course, had no moral objection to abortion and even put forth arguments in its favor. Plato wrote that the state should make abortion obligatory for women over the age of forty and should also consider it a means to control population growth.[17] Aristotle also subscribed to the view that procreation should take place only up to a certain age, beyond which one should resort to abortion.[18] Roman society considered it normal for men to decide the fate of the fetus of their wives or lovers. We know, for example, that Domitian ordered his niece, Julia, to abort the child when she became pregnant after sexual relations with him.

The Difference Christianity made

In this matter Christianity was even more strict that Judaism,[19] considering the destruction of life sheltering in the womb of a woman to be a grave moral

---

17 Plato, *Republic* 5.9.
18 Aristotle, *Politics* 7.14.10.
19 For Jewish precedents, see Flavius Josephus and Pseudo-Phocylides as well as a further development of the subject by M. J. Gorman, Abortion and the Early Church (Downers Grove, IL: InterVarsity Press, 1982).

offense. The Didache, the first Christian catechism we know of and which could have been written even before AD 70, contains the following prohibition: "You shall not kill a child by means of abortion nor kill him once he is born" (2:2).The *First Apology* of Justin Martyr made it clear that "we have been taught that it is wickedness to abandon newborn children."[20] This position of the early church toward abortion and infanticide quickly became an open denunciation of the highest authorities of the empire. Athenagoras pointed out to the emperor Marcus Aurelius in the second century AD that "we say to those women who use drugs to induce an abortion that they are committing murder, and will have to give an account to God for the abortion. . . . We regard the fetus in the womb as a created being, and therefore an object of God's care, and we do not abandon children, because those who expose them are guilty of murdering children."[21] We know that Athenagoras's *Apology* did not dissuade the emperor from persecuting Christians. Yet neither did the persecution cause Christians to put aside their views. Around the end of the second century, Minucius Felix once again condemned abortion and quite rightly related it to the pagan mentality.[22] Within Christian communities, though, women were free from this terrible threat.

Furthermore, Christians advocated strict moral norms in marriage, once again putting men and women on an equal footing. Thus they condemned

---

20   Justin Martyr, *First Apology* 27 (author's translation).
21   Athenagoras, *Apology* 35 (author's translation).
22   Minucius Felix, *Octavius* 33.

divorce (with nuances, because they did allow it for certain reasons),[23] incest, marital infidelity, and polygamy. Of course, Christianity valued chastity in women, but it also rejected a double standard that looked benevolently on adultery in men.[24] Indeed, infidelity was as sharply censured in men as it was in women.[25] A Christian wife knew that she was expected to be faithful, but at the same time she knew that her husband was subject to the same moral requirements. Once again, this equality between the sexes was considered natural. Furthermore, women who converted to Christianity enjoyed other advantages. For example, they were married at a later age than their contemporaries, and they had the possibility of choosing their spouse. Archaeological sources offer conclusive evidence of this. A pagan woman was three times more likely than a Christian woman to marry before the age of thirteen, and 44 out of 100 pagan women were already married at the age of fourteen as compared to 20 out of 100 Christian women—that is, less than half that of the pagans. In fact, 48 out of 100 Christian women were still single at the age of eighteen.[26]

Christianity offered widows a much better situation than classical society. The demographic

23   On this subject, see M. L. West and R. Francis, *Scandal in the Assembly* (New York: Morrow, 1970), esp. 112ff.

24   A. T. Sandison, "Sexual Behavior in Ancient Societies," in *Diseases in Antiquity*, ed. D. Brothwell and A. T. Sandison (Springfield, IL: Thomas, 1967), 734–55.

25   H. Chadwick, *The Early Church* (Harmondsworth: Penguin, 1967), 59.

26   Numbers and comparison tables can be found in Hopkins, "Roman Girls."

crisis, brought about by paganism's own ethic, meant among other things that there was enormous social and legal pressure on widows to marry again. The emperor Augustus decreed that if a woman did not remarry within two years of becoming a widow, she would be subject to legal sanction. In contrast, Christianity demonstrated a special respect for widows from the very beginning and organized a system of aid for them that had no parallel in the rest of antiquity. The origins of this system of aid are found in apostolic Christianity. In fact, Paul in his Pastoral Letters talks about the care a congregation should have for widows in need (1 Tim. 5:3ff.). Again, this was not an exception but a fruitful ministry that continued for centuries. In AD 251, for example, right in the middle of the terrible persecution under Decius, Cornelius, bishop of Rome, wrote to Fabius, bishop of Antioch, that the churches in his diocese were looking after "more than one thousand five hundred widows and destitute people."[27]

The gospel unquestionably meant extraordinary changes from the societal perceptions of women found within Judaism and classical culture. A woman's dignity and life were respected in incomparable ways. Her importance in the life of the community did not have a parallel in the pagan or the Jewish world. As for familial and conjugal life, women had the same responsibilities as men in areas such as faithfulness and chastity.

27 Eusebius, *Church History* 6. 43.

And if all that were not enough, they could expect their husbands to love them in ways that were based not on some erotic story of antiquity in which gods seduced women but rather on Christ's self-sacrifice for his church. To call these changes revolutionary is in no way an exaggeration.

Were the women of the time able to appreciate how Christianity offered them better conditions than paganism? The sources offer conclusive evidence of this. Christianity had extraordinary success among the female population of the empire long before it became its official religion. In fact, the number of female believers of this new faith considerably surpassed that of men, and this was in a society where the demographic ratio of the sexes was exactly the opposite.[28] Thus, for example, in an inventory of confiscated property from a Christian community in the north African city of Sirte, during a time of persecution in AD 303, we find sixteen men's tunics as compared to eighty-two women's—a disproportionate ratio of more than five to one!

As Chadwick so aptly points out, Christianity not only had great success among women, but it was thanks to them that it penetrated the upper classes of society. A well-known example is that of Marcia, a Christian and concubine of the emperor Commodus who managed to get Callixtus, the future bishop of Rome, released from forced labor in the mines. Her situation was not uncommon. Indeed, ecclesiastical provisions demonstrate a

---

28 For more on this, see R. L. Fox, *Pagans and Christians* (New York: Knopf, 1987); A. Harnack, *The Mission and Expansion of Christianity in the First Three Centuries* (New York: G. P. Putnam's Sons, 1908), 2:73.

growing number of Christian women who married pagans, and even show considerable understanding toward these cases. Apparently, Christianity did not fear losing members with these marriages. On the contrary, as can be concluded even from biblical sources (1 Pet. 3:1–2; 1 Cor. 7:13–14), it had reasonable expectation that the husbands would convert. Callixtus, who was by then the bishop of Rome, even found cohabitation between a Christian woman and a pagan man admissible as long as they were committed to being faithful to each other as in a marriage. Of course, the children born of these marriages and other unions were usually brought up in the Christian faith.

In the fourth century AD, when Christianity was on the threshold of becoming the religion of the empire, at least half the population was already Christian. Yet its demographic influence was much greater given that the percentage of female converts was greater than that of men and thus influenced extended families where husbands continued to be pagan. This new faith arrived at this point not by resorting to violence or state support, as pagan apologists maintain. In actuality, it suffered in the face of both.

Whatever one may think, the fact is that over three centuries Christianity not only garnered the sympathies of wide segments of society—slaves and women, as well as those who were deeply disgusted with pagan morality—but also gathered into its fold a demographic potential for growth that could not be matched by a society that abandoned

its children, freely practiced abortion, and subjected women to unfair and discriminatory treatment. Centuries earlier, Caesar had rewarded parents who had three or more children with gifts of land (in 59 BC). Augustus (in 29 BC and AD 9) promulgated laws that granted political preference to parents of three or more children and penalized couples without children, single women over the age of twenty, and single men over the age of twenty-five. Subsequent emperors also used their power and policies to influence the demography, but as Tacitus noted, the absence of children continued. At the beginning of the Christian era, the birthrate was already negative.[29] In contrast, Christianity was becoming established in segments of the population that could reverse this terrible trend and infuse them with an ethic—at the very least by preventing infanticide and abortion—that had positive consequences on the demographics. Despite persecution, torture, and executions, the fact is that Christianity grew demographically in an empire whose population was declining. One of the absolutely essential factors in this growth was the response of women to the gospel.

Skeptics have tried on occasion to minimize this fact, alluding to women's limited rationality or even intelligence. In other words, if there were more women than men in the Christian community, it

---

29 Tacitus, Annals 3.25. For more on this, see A. M. Devine, "The Low Birth-Rate in Ancient Rome: A Possible Contributing Factor," Rheinisches Museum für Philologie 128, no. 3/4 (1985): 313–17; T. G. Parkin, *Demography and Roman Society* (Baltimore: Johns Hopkins University Press, 1992); A. E. Boak, *Manpower Shortage and the Fall of the Roman Empire in the West* (Ann Arbor: University of Michigan Press, 1955).

was because women do not typically think very much or simply because they are stupid. This is obviously a ridiculous and offensive argument. If the key to the conversion of women was their supposed irrationality, the pagan temples would also have been packed with women, and of course they were not. Women joined Christianity in large numbers precisely because it considered them to be human beings, condemned their extermination, viewed them as equal to men and granted them a much greater status than paganism in marital and family life, widowhood, and worship. Unfortunately, this situation would undergo a tragic alteration during the period known as the Middle Ages.

Women in the Time between Early Christianity and the Reformation

Teachings of the Early Church Fathers

Christianity survived the persecutions that spanned three centuries, but in the course of this its original and true soul was profoundly altered. Jesus spoke of the tares that the devil would sow, the effects of which would continue until his return (Matt. 13:24–30, 36–43), and Paul spoke of how this corrupting work would begin soon after his ministry (Acts 20:29–30). Indeed, an extraordinary quantity of pagan elements entered Christianity from the moment the emperor Constantine decided to use it as a unifying force in his empire. To all appearances, the rapprochement of the empire to the formerly persecuted Christians was a positive development. Overnight the empire began building churches with public funds; bishops were welcomed by high-ranking government officials and even received significant donations. People flocked to churches not out of contempt for the faith but because they were fascinated by the

fact that the imperial family thought highly of it. It all seemed like the fulfillment of a dream and a spiritual victory. The reality was, however, that it was the beginning of a nightmare.

Even a person as well known and highly regarded as John Henry Newman, an Anglican who became a Roman Catholic cardinal, recognized that Christianity underwent a remarkable transfusion of pagan practices. In his most important work he states:

> In the course of the fourth century two movements or developments spread over the face of Christendom, with a rapidity characteristic of the Church; the one ascetic, the other ritual or ceremonial. We are told in various ways by Eusebius [*Vita Constantini* 3.1, 4.23, etc.], that Constantine, in order to recommend the new religion to the heathen, transferred into it the outward ornaments to which they had been accustomed in their own. It is not necessary to go into a subject which the diligence of Protestant writers has made familiar to most of us. The use of temples, and these dedicated to particular saints, and ornamented on occasions with branches of trees; incense, lamps, and candles; votive offerings on recovery from illness; holy water; asylums; holydays and seasons, use of calendars, processions, blessings on the fields; sacerdotal vestments, the tonsure, the ring in marriage, turning to the East, images at a later date, perhaps the ecclesiastical chant, and the Kyrie Eleison [according to Dr. E. D. Clarke, *Travels*, 1:352], *are all of pagan origin*, and sanctified by their adoption into the Church.[1]

---

1   J. H. Newman, *An Essay on the Development of Christian Doctrine* (London, 1890), 373; emphasis added.

Newman's concluding statement is highly debatable. He maintains that the poison (paganism), when it penetrates a pure medium (Christianity), is purified, rather than contaminating the medium. In reality, logic and experience teach us the exact opposite, but in either case, what actually occurred is unquestionable. Christianity was the recipient of a massive amount of pagan religious practices, starting from the beginning of the fourth century. Yet even though Newman recognized the ceremonial aspects, he overlooked other equally important aspects of the pagan worldview that also entered Christianity. Such was the case with the pagan view of women and marriage that pervaded and spread throughout Christendom during the Middle Ages.

The pagan view of sex and of marriage was fundamentally negative. Women and marriage were closely intertwined, giving rise to a dogmatic, asexual image linked to Mary the mother of Jesus as well as to a profound contempt of marriage and women at the same time as the celibacy of priests was taking hold.

We have seen how Judaism's view of women as inferior disappeared with the gospel, from the teachings of Jesus to those of the apostles. Thus, the recognition of a certain order in marriage was never seen as an acknowledgment of a supposed inferiority of women. Instead, they were greatly elevated, to be loved with the same love Christ has for his church (Eph. 5:28–33).

It is illuminating, as well as in harmony with the teachings of the Old Testament, that bishops

and elders of the early church did not practice celibacy or remain single but were married and had children. This was so common, in fact, that it was practically unthinkable for a bishop to be unmarried. Hence, an essential condition for a bishop to be able to oversee a congregation was that he was able to keep his children in the way of the gospel (1 Tim. 3:4–5; Titus 1:5–6). It was so self-evident that leaders would be married that Paul—who was not married, although he might have been before becoming an apostle—had to point out that the fact that he wasn't accompanied by a wife in missionary work like the other apostles was a personal exception (1 Cor. 9:5).

Overall, this was a singularly harmonious view of life. A man and a woman—with their limitations, of course—could reclaim a union that was tragically broken by the fall, and in a world immersed in sin, they had the possibility of experiencing the mutual, sublime communion for which God created the two sexes. But just like so many aspects of original Christianity, this too would be fundamentally altered by pagan influences.

Contrary to a widespread belief, paganism did not only have a current of deep immorality running through it, including the practices of adultery, homosexuality, and pedophilia. It also had strong currents of asceticism that insisted on strict diets and the prohibition of marriage for those who were considered perfect. In reality, these snares that are contrary to Christianity are already found in the New Testament, where they

are sharply rejected. False prophets appear who say, "Do not handle! Do not taste! Do not touch!" (Col. 2:21–23), and who prohibit certain foods and forbid marriage (1 Tim. 4:3).[2] In fact, this was not new or limited to the first century. Indeed, Pythagoreans, Orphic believers, Gnostics, and Manicheans had championed different forms of asceticism for many centuries, so it is not surprising that Paul called them "teachings of demons" (1 Tim. 4:1). Such a negation of creation, of its generative capacity and of the harmony between the sexes that flows from the Creator himself, could only come from the archenemies of God. The fact that Christianity accepted these elements and furthermore made them a mark of spiritual superiority is one of the great tragedies of history, a tragedy that spread like wildfire from the time of Constantine onward, but which was already a reality in the second century, as Paul had warned. Examples of this abound.

Clement of Alexandra was one of the first people of note to abandon the biblical worldview and make use of pagan categories.[3] Born in Athens to a moneyed family in the middle of the second century, Clement was schooled in pagan philosophy, though he looked for a Christian teacher and believed to have found him in the person of Pantaenus of Alexandria. Clement is conventionally cited as the first

---

2   I have addressed this topic previously in works such as Los evangelios gnósticos (Barcelona: Martinez Roca, 1991) and especially *En las raíces de la nueva era* (Miami: Unilit, 1996).

3   On Clement of Alexandria and his work, with bibliography, see "Clemente de Alejandría" in C. Vidal, *Diccionario de Patrística* (Estella: Verbo Divino, 1993).

Christian philosopher, but he soon became an example of how far a syncretic fusion between pagan philosophy and Christianity could be taken. Perhaps his most brilliant disciple was Origen,[4] who not only totally deformed the gospel by introducing pagan categories but went so far as to castrate himself as a way to preserve his chastity.

Beginning with the idea that total chastity was the goal of a Christian and that women tempted men, Clement of Alexandria twisted Pauline writings and taught that the women who accompanied the apostles were not their wives but servants who functioned as housekeepers.[5] To Clement, it could not be otherwise, because "it is shameful for a woman to think about her nature," and "every woman must blush with shame to consider she is a woman."[6] Clement clearly believed that women were particularly dangerous. In his *Paedagogus*, he devotes all of book second part of book to clothing, adornments, behavior in public, and a long list of things that, according to him, should never be associated with Christian women. It is important to note that there were no similar requirements when it came to men. Men were even exempt from bathing for cleanliness, possibly because their bodies were not considered as dirty as those of women. At the end of the day, Clement absorbed pagan prejudices toward women, giving these a supposed Christian basis, and he did

4   On Origen and his work, with bibliography, see "Orígenes" in Vidal, *Diccionario de Patrística.*
5   Clement, *Stromata* 3.6.53 (author's translation).
6   Clement, quoted in J. J. López, *El libro de la vida sexual* (Barcelona: Danae, 1974), 62.

so only a few decades after the death of the last apostle.

Clement's position was not an aberration, nor was it limited to the eastern portion of the Roman Empire. On the western reaches, his contemporary Tertullian[7] was traveling down the same path. He was also born in the middle of the second century AD and died in the middle of the following century. Tertullian was the son of a Roman centurion and, like Clement, was steeped in pagan culture. His Latin was remarkable for the way in which he tried to preserve a classic flavor, but he also wrote three books in Greek, not one of which has survived to our day. It is possible, although not completely certain, that he practiced law. We do know that he was married when he was ordained a presbyter (elder) of a congregation. It would still be several centuries before celibacy was made compulsory for clergy, but even so, Tertullian was already tainted by an ascetic tendency that clashes with biblical teachings. For example, he was opposed to widows and widowers remarrying and recommended that those who had experienced "the happy death of a spouse" use the occasion to suppress sexual desires and not marry again. With such a view, it is not surprising that women were seen in a negative light. Though it is highly questionable from a biblical perspective, Tertullian clearly says this to women:

> And do you not know that you are an Eve? The
> sentence of God on your sex lives on in this age:

7   On Tertullian and his work, with bibliography, see "Tertuliano" in Vidal, *Diccionario de Patrística*.

the guilt must necessarily also remain. You are the devil's gateway. You are the one who broke the seal of that forbidden tree. You are the first to abandon the divine law: You are the one who persuaded him whom the devil did not have enough courage to attack. By that you so easily destroyed the image of God, which was man. Because of your desertion, even the Son of God had to die.[8]

Given this, it is no wonder that Tertullian maintained that a woman is "the devil's gateway"—a phrase that became quite popular—and that she "is dangerous for those who look at her."[9] Given that he was obsessed with leading an asexual life, like Clement of Alexandria and many others, it stands to reason that he would view the natural attraction to a woman as a dreadful problem. It should also not be surprising that at one point Tertullian joined a group as strict as the Montanists,[10] ultimately splitting off from them to form a group that was even more morally rigid. Augustine of Hippo—who so often agreed with him on matters regarding women and sexuality—would later claim that Tertullian had come back to the established church shortly before dying, but this is of doubtful historical veracity.

In truth, the most distinguished church fathers had a thoroughly negative image of women. It is hard not to interpret that as a barely unconscious rejection of a person who tempted

8   Tertullian, *De cultu feminarum* 1.1 (author's translation).
9   Tertullian, *De cultu feminarum* 1.1 (author's translation).
10 On Montanus and Montanists, with bibliography, see C. Vidal, *Diccionario histórico del cristianismo* (Estella: Verbo Divino, 1999).

them—something that was totally natural—and whom they viewed with ever-increasing horror. This position—spiritually pathological and profoundly anti-biblical—was exacerbated by a massive influx of pagans into Christendom. And sadly, the most distinguished theologians were not free from this deeply negative view. In fact, their views were quite prominent, which granted an appearance of legitimacy to an idea that was a grievous paganization of the biblical view on sexuality and women. I will mention just a few of the most notable examples.

One such person was Jerome (ca. 340–420).[11] Famous for his translation of the Bible into Latin, known as the Vulgate, Jerome was the biblical benchmark for the Middle Ages and, in the case of the Catholic Church, until the twentieth century. The Council of Trent declared the Vulgate as the official Roman Catholic translation in 1546, which helped promote Jerome's exegesis of Scripture for many hundreds of years. His talent was undeniable. Unfortunately, his deeply warped view of sexuality and women was equally so.

In hopes of perfecting himself spiritually, Jerome decided to withdraw to Qinnasrin, or Chalcis, in the Syrian desert to the southeast of Antioch. His description of his experience there is very revealing:

> I, who for fear of hell had imposed upon myself a prison in the company of scorpions and deer, often believed I was attending dances of maidens.

---

11 On Jerome and his work, with bibliography, see Vidal, *Diccionario de Patrística.*

> My face was pale from fasting, but my spirit burned with desire in my cold body and the fires of voluptuousness sizzled in an almost dead man. I remember it well: sometimes I had to cry out all day and night. I did not cease from beating my breast. My cell filled me with great fear, as if it were an accomplice in my obsessions: furious with myself, I fled alone into the desert.[12]

Despite his familiarity with the Bible, Jerome apparently had not taken to heart the passage in Colossians 2:21–23 that points out that this type of askesis has an appearance of outward holiness but in reality, is of no use against the impulses of the flesh. Regrettably, Jerome was not the only one to experience this. He certainly tried to live chastely, but the asceticism that was much more pagan than Christian only led him to be reminded of voluptuous women when he looked at the animals around him. To understand his teaching, one cannot ignore this confession.

Subsequent to his spiritual journey Jerome moved to Rome and became a spiritual guide to a group of aristocratic women. Prominent among them were Marcela and Paula, the mother of the young Eustochium to whom Jerome would write a letter describing the virtues of perpetual virginity. Some of these women would later accompany him on various trips, and his influence over the Roman noblewomen soon provoked envy among the clergy as well as many false accusations.

Jerome continued to forge a theology on sexuality and women whose roots were buried deep in

12   Jerome, *Letter 22* (To Eustochium) (author's translation).

pagan attitudes, and yet it was at odds with biblical teachings. For example, he writes in *Against Jovinianus*: "The pleasures of the flesh were unknown until the universal flood; but since the flood we have been stuffed with the fibers and pestilent juices of animal flesh. . . . Jesus Christ, who appeared in the fullness of time, once again brought together the end with the beginning, so that we are no longer permitted to eat meat. . . . And I tell you this, if you want to be perfect, it is good not to eat meat."[13] This is a somewhat ambiguous statement that has been interpreted as a reference to sins of the flesh as well as to the consumption of meat. If it is the former, Jerome's assertion is a complete theological absurdity. To begin with, sexual relations between a man and a woman were a part of God's purpose from before the fall and in a creation that was wholly good (Gen. 1:26–31). And of course Christianity brought even more dignity to this special relationship between a man and a woman.

Naturally, Jerome was aware that as much as he insisted that perpetual virginity was the perfect state, the simple survival of the species depended on men and women having children. He was begrudgingly willing to accept this, but on the condition that the husband did not feel any desire toward his wife. Again in his *Against Jovinianus* he says, "The prudent man must love his wife with cold determination, not with heated desire. . . . There is nothing more foul than to love your wife

---

13 Jerome, *Adversus Jovinianum* 1.18 and 2.6 (author's translation).

as if she were your lover."[14] Jerome's belief that one must substitute desire—a beautiful component of conjugal life, as can be seen from the biblical Song of Songs—with "cold determination" and accept that sexual attraction to one's wife is the most foul thing one can think of clearly reveals his theological views on sexuality, marriage, and women. Nevertheless, it is impossible to find even a trace of this kind of teaching in the Bible.

Thus, it comes as no surprise that Jerome makes disagreeable comments about menstruation even though it is a completely natural process. It is also not surprising that Jerome was one of the first to put forth the thesis that Mary was perpetually a virgin, an idea refuted by the Bible. This idea began to dominate only as the contempt—if not outright revulsion—toward women's sexuality grew.

Jerome's theological positions could have, at the time, been welcome to widows who had no desire to marry again—which might give some indication of what their marriages were like—and mothers who wanted their children to be perpetual virgins. We will not delve into the psychological pathologies that might have beset these individuals. However, it is not difficult to recognize the pagan roots of such viewpoints. At the same time, it is painful to see how these teachings influenced church life and the lives of thousands of people claiming to be Christians.

Another example of this permeation of pagan values into views of prominent people within the

---

14 Author's translation.

church is John Chrysostom,[15] whose life has strik-
ing parallels to Jerome's. Son of a high-ranking
military officer, John was born in Antioch in 347.
His father's death shortly after his birth and the
fact that his mother was a Christian very likely
influenced his decision to embrace this faith, and
he was baptized in 370. He studied under Andra-
gathius and Libanius, and this had just as strong
an influence on him. Libanius, in fact, was an ardent defender of a paganism in full retreat but still
able to powerfully pervade Christianity.

Around the year 375, John became a her-
mit—like Jerome—which led him to practice ex-
treme asceticism. This venture turned out to be
very difficult, and he finally abandoned it. A few
years later he began his ecclesiastic career and
because of his eloquence, soon became popular
and was made bishop. During this time he began
to be called Chrysostom, which means "golden-
mouthed." In criticisms of him, it is common today to point to eight homilies from the year 387
preached against Jews. In those homilies, he
states, for example, that synagogues are houses
of demons, even though there are no depictions
of demons in them, and that God has always hat-
ed the Jews. The profoundly negative view this
church father had of sexuality and women, however, has received much less attention. For example, Chrysostom attacked the opulence of the
court—not without reason—but he put a special
emphasis on women, which provoked the ani-
mus of the Byzantine empress. In the end, during

15 On John Chrysostom, see Vidal, Diccionario de Patrística.

what is called the Synod of the Oak in 403, John Chrysostom was deposed despite the efforts of the bishop of Rome, who sympathized with him. He died in 407 as he was heading toward a place of exile in Caucasia.

As was the case with Jerome, Chrysostom was brilliant, and yet at the same time he harbored many prejudices from the paganism in which he was educated. His notions of asceticism, which again like Jerome he tried unsuccessfully to practice, also instilled in him a negative view of sexuality, a natural impulse that went against his desire to be ascetic, and of women, who were clearly a temptation that needed to be resisted.

Chrysostom stated that "a woman is nothing but an enemy of friendship, an unavoidable punishment, a necessary evil, a natural temptation, a desirable disaster, a domestic danger, a pleasant detriment—of a crude nature painted with pretty colors."[16] His view could not be any clearer. A woman is attractive, but this very attractiveness reveals all that is horrible in her nature. The most that can be said is that she is a necessary evil, an idea that is popular to this day.

This necessary evil is also clearly defined by John Chrysostom when he declares that "among all the savage beasts none is found to be so harmful as women."[17] His opinions directly relate marriage to evil, and so he states: "Do you perceive the origin of marriage? Why does it seem to be necessary?

16 John Chrysostom, *Discourse 4 on Genesis*, PG 54:594 (author's translation).
17 John Chrysostom, *Discourse 2 on Genesis*, PG 54:589 (author's translation).

It springs from disobedience, from a curse, from death. For where death is, there is marriage. Where one does not exist, the other is not present."[18] In his works—such as *On Virginity, To Theodore the Monk, On Avoiding Fornication,* and *On Marriage*—one cannot find a trace of the biblical view of companionship, harmony between the sexes, and the union between a man and a woman inspired by God. Although Chrysostom is on occasion an interesting expositor of the Bible, it is also true that the biblical description of the love between a man and a woman is perverted in his thought. Thus Chrysostom declared that "only after sin was man burdened with the slavery of matrimony."[19] This is spectacularly distant from biblical teachings, though not from the pagan world.

Overall, though, the person who had the most influence on this negative view of sexuality and women was without a doubt Augustine of Hippo.[20] Augustine (354–430) is extraordinarily important in the histories of philosophy and theology, and he undeniably set the course of Christianity for centuries to come. However, various factors converged in his life which no doubt influenced his negative view of women and sexuality. To begin with, Augustine had been a Manichaean, a sect with gnostic characteristics from the East, where spiritual perfection was identified by the absence of sexual relations. In fact, the so-called elect—the

18   John Chrysostom, *On Virginity* 14.6 (New York: Mellen, 1983), 22.
19   John Chrysostom, *On Virginity* 41; EPE 29:579–80 (author's translation); also see To Theodore the Monk 5; EPE 28:737–38.
20   On Augustine of Hippo and his work, with bibliography, see Vidal, *Diccionario de Patrística.*

superior class within Manichaeism—did not marry, have sexual relations, or eat meat.

Such spiritual beginnings would suffice to explain Augustine's revulsion toward sex and women, who, after all, constituted sexual temptation. In addition, Augustine led a promiscuous sexual life from his adolescence until the age of thirty. After that he lived with a woman who bore him a son, yet he did not hesitate to leave her, fundamentally because she was from a lower social class than he.[21] While he was waiting to marry a woman of his social position, he took a lover, because it was impossible for him to be without sexual relations for two years. Augustine experienced sex in duality, finding in it pleasure as well as guilt, happiness as well pain, enjoyment as well as sin. At no time was it an experience of sexuality and women that was harmonious, fulfilling, and spiritual as it is seen in the Bible. At the end of the day, sex for Augustine became something base and reprehensible and yet very possibly a temptation that lasted for years, one that resided in the bodies of women. Because of these experiences, it is not surprising that he wrote in *The Trinity* that "nothing brings the mind of man down from its height more than caressing a woman and the meeting of bodies that belongs in marriage."[22] This quotation is quite significant not only because he denigrates sexual relations but also because he does not make an exception even for relations within a marriage. It is easy to see the clear negative consequences this

---

21 For an interesting fictionalized version, see J. Gaarder, *Vita brevis* (Madrid: Siruela, 2005).
22 Augustine, *The Trinity*.

would have at the very least on ethics, because Augustine became the theologian of reference in the West for so many centuries.

In what is perhaps Augustine's most important work, *The City of God*, his negative view is even more accentuated: "We must be careful in all women of Eve, of the tempter. . . . I cannot see what use a woman is for a man if it were not for the function of bringing forth children."[23] Of course, this circumstance is due to the fall, because according to Augustine, "if our first parents had not sinned, they would have had children in some other way, without physical intercourse."[24] This is a sad statement, because Augustine was not a man who had never had intimate relations with a woman. Yet after experiencing its passions he looked on these relations with revulsion, considering sexual relations valuable only as a means of producing children. Like others before and after, Augustine was truly far removed from the teachings of the Bible. In *On the Good of Marriage* he declares: "In matrimony, sexual relations for the purpose of procreation do not imply a fault, but if the motive is the satisfaction of lust, as long as it is with one's wife for the purpose of keeping marital fidelity, it is a venial sin, while adultery or fornication are mortal sins. Therefore, abstaining from all sexual relations is certainly better than sexual relation within a marriage, which exists for the purpose of having children."[25]

---

23 Augustine, *The City of God* 14.11 (author's translation).
24 Augustine, *On the Good of Marriage* 2 (author's translation).
25 Augustine, *On the Good of Marriage* 6 (author's translation).

According to Augustine, a woman's situation is not good in comparison to a man's, and procreation is really the only justification for her creation:

> If women were not created to help men in the engendering of children, for what reason was she created? It was not to work the land, because there was not any work that needed help (in paradise), and if help were needed, a man's help would have been better. The same could be said of solace, if solitude weighed on the man. How much more agreeable is it not for two male friends to live and talk together than for a man and a woman? But if it is good to live as friends, one commanding and the other obeying, so that contrary wills would not disturb the peace of the two cohabitants, an order would not have been necessary to keep that peace, because first one came into being and then the other. This is especially true if the second is created from the first, as was the woman. Or would anyone say that God, if He had wanted, would not have been able to create a man out of the rib of a man, but only a woman? Therefore, I cannot see for what kind of help to a man a woman was made, if we eliminate the reason of giving birth to children.[26]

Augustine also says, "It is good to marry, because it is good to have children and be a mother of a family, but it is better not to marry."[27] Considering these statements, which he does not temper

---

26 Augustine, *De Genesi ad litteram* 9.5.9; CSEL 28/1:273. For more on this, see P. A. Gaësse and A. Solignac, "La femme, la sexualite et le marriage, De Genesi," Bibliothèque augustinienne 49 (1972): 516–30
27 Augustine, *On the Good of Marriage* 9 (author's translation).

or qualify, there is no doubt that the theology of Augustine of Hippo—brilliant in other aspects—was openly opposed to women and sexuality, especially as they are represented in Scripture.

Augustine's view of women is highly problematic, but even more so is his teaching depriving them of their humanity and intelligence. He claims that "there is also a natural order in human beings, so that women serve their husbands and children their parents. For in this, too, there is a reason, which is that the weaker mind serves the stronger. There is, thus, a clear justification for ruling and for subjugation, so that those who excel in reason also excel in ruling."[28]

Furthermore, Augustine did not just address the subjects of women and sexuality in passing but dedicated some of his works exclusively to them. Sometime after 412 he wrote a treatise called *On Continence*, in which he maintains that the only purpose of sex is procreation.[29] In his treatise *On Genesis*, he points out that the relations between Adam and Eve were purely spiritual and changed to carnal only "after sin," which is why "we should condemn this carnal procreation."[30]

Augustine further states:

> We are not permitted to believe that before sin a woman was created for any other purpose than to be ruled over by the man and to turn to him to serve him. But the words in Genesis 3:16 can be understood correctly by considering that

28 Augustine, *Quaestiones in Heptateuchum* 1.13; CCSL 33:59 (author's translation).
29 Augustine, *On Continence* 12.27 (author's translation).
30 Augustine, *On Genesis* 1.19 (author's translation).

they evoke a subjugation that has its origin in a certain circumstance in life and not in love. This circumstance can be compared to the subjugation or servitude of previous human beings who were slaves of other humans, and that kind of subjugation is also a consequence of sin. The Apostle certainly said, "serve one another in love" (Gal. 5:13), but he never said, "rule over one another." Without a doubt a married couple can mutually serve each other with charity, but the Apostle does not permit a woman to rule over a man (1 Tim. 2:12). Divine will assigned this to a man. But the reason the husband became a master does not lie in the nature of a woman but in her guilt.[31]

As mentioned above, Augustine of Hippo's theology, so notable in other areas, was an unfortunate perversion of biblical teaching when it came to women and sexuality. The vision in Scripture centering on companionship, love, and sexual union of two people created in the image and likeness of God was substituted by one where elements of Roman law—which considered women inferior and subject to the paterfamilias—intermingled with Hellenistic and Eastern asceticism. This asceticism considered the absence of sex as a spiritual goal and therefore rejected women because they were focal points of temptation and dangerous obstacles to attaining perfection.

Augustine's viewpoint, which we stress was pagan and far removed from Christianity, became even more radicalized over time, so that in his

---

31 Augustine, *De Genesi ad litteram* 11.37.50; CSEL 28/1:372 (authors translation).

final years he maintained that sex should be absent in marriage except for the purpose of procreation. Apart from that purpose, it was a grave sin.

It is quite enlightening to trace the ideas that had infiltrated Christendom starting from the death of the last apostle and becoming more discernible after the end of persecutions as it grew in closeness to imperial power. Christianity could have been a light shining in a world where contempt for women was common and marriage was often based more on personal benefit than on love between a man and a woman. This was a world where the idea that there is a spiritual reality beyond one's identity as a man or a woman was simply unthinkable. However, Christianity lost its historical chance to be salt and light, owing to its clergymen and especially its theologians who in many cases were canonized. Instead, it absorbed pagan views, granting them legitimacy by dressing them up as Christian. This condemned a multitude of generations, deprived of biblical teaching, to misery. Yet in the fifth century the worst was yet to come.

Women and Scholasticism

Even though the weight of pagan worldviews on Christianity is evident from Clement to Augustine, inclusive of Origen, John Chrysostom, and Jerome, the greatest protagonist in the absorption of pagan philosophy was Thomas Aquinas, in the High Middle Ages.[32] Like the Fathers before him,

---

32 On Thomas Aquinas and his work, with bibliography, see Vidal, *Diccionario histórico del cristianismo.*

who absorbed elements from Gnosticism and Sto-
icism, Thomas Aquinas used Aristotle's works as
a framework for his theological worldview. In fact,
just as Liberation theology in the twentieth century made use of Marxism to construct its ideological apparatus within Catholicism, so Thomas
Aquinas used Aristotelianism. However, in contrast to Origen or liberation theology, Aquinas's
influence spanned many centuries, even more
than the works of Augustine. Both the Inquisition (created to wipe out dissidents and sow panic
among Catholics)[33] and the Council of Trent (de-
signed as a weapon to combat the Reformation)
had their roots in Thomas Aquinas. During the
Reformation, Pope Pius V named him Doctor of
the Church, making him an undisputable point of
reference. He was admired by illustrious figures
such as Ignatius Loyola, founder of the Jesuits,
and John of the Cross, one of the foremost figures
in Catholic mysticism who was quite influenced
by Muslim Sufis, as well as Cardinal Cajetan,
Francisco de Vitoria, and Domingo de Soto. The
immense impact of Aquinas's work on the Council
of Trent explains why in the seventeenth century people such as Francisco de Suárez, Domingo
Báñez, and the rabidly anti-Protestant Francis
de Sales were among his greatest proponents.
The spread of the Reformation starting in the sixteenth century and of other philosophical views
in the eighteen century reduced his influence

---

33 For more on the Inquisition, with references on sources, see C.
Vidal, *La Historia secreta de la iglesia católica en España* (Madrid: Ediciones B, 2014).

beyond the Catholic Church, but even so, he was especially commended by Popes Leo XIII, Pius X, Pius XI, and John Paul II and by Catholic saints such as Alphonsus María de Liguori. This enthusiasm is rather shocking given that Thomas Aquinas rejected such theological positions as the immaculate conception,[34] the idea that Mary was born without a trace of original sin, which did not become dogma until the end of the nineteenth century. Although it is true that Aquinas's importance greatly decreased after the Second Vatican Council, his influence on Catholic theology was extraordinary for more than half a millennium. Indeed, he was canonized in 1323, declared Doctor of the Church (as noted) in 1567, and named patron saint of universities and Catholic schools in 1880.

Whatever opinion one may have on their contents, Aquinas's *Summa Theologica* and, to a lesser degree, his *Summa Contra Gentiles* are milestones in the history of theology, in that they attempt to defend the Roman Catholic edifice in the thirteenth century using the philosophy of Aristotle as its primary weapon. Given that the Hellenic philosopher defended, among other things, the inferiority of women and the lawfulness of slavery, it is not surprising that Aquinas held similar views nor that these views persisted in the Catholic Church for many hundreds of years. Thus Aquinas, in the footsteps of Aristotle, affirmed that "slavery

---

34 A discussion of this dogma with quotations from Thomas Aquinas, who rejected it, can be found in C. Vidal, *The Myth of Mary* (Chino, CA: Chick, 1995).

among men is natural because some are by nature slaves."[35]

Besides the influence of Aristotelian philosophy on Thomas Aquinas, one must note that, from the age of five, his young life developed within the confines of a monastery. This did not help him have a normal understanding of the world, women, and sexuality. It is not at all strange that in such an environment a woman was the great unknown and greatly feared as a person who could arouse passions. This circumstance would be dramatic in the life of any individual, but when it diffuses over an entire religious denomination, it becomes an appalling tragedy.

The teachings of Thomas Aquinas were very clear. For him, a woman is "unstable and defective,"[36] and in fact, "as it relates to her particular nature, a woman is imperfect and incidental. For the dynamic force that resides in the semen of a man must produce something similar to itself in the masculine gender. If a female is born, it is due to the weakness of the dynamic force, or the poor condition of the material, or to some external agent, for example the austral winds, which are humid, as is stated in the book [by Aristotle] *De Generat Animal* [*Generation of Animals*]."[37] And, of course, a "woman is only necessary for reproduction."[38] On the basis of these beliefs, then, it is no surprise when Aquinas asserts that "the father must be loved more than the mother

35 On this see, Thomas Aquinas, *Summa Theologica* II-II, "On Justice," q. 57–62 (author's translation).
36 Aquinas, *Summa Theologica* I, q. 92, a. 1; II-II, q. 151, a. 3, ad. 2; and *Summa Contra Gentiles III*, 123 (author's translation).
37 Aquinas, *Summa Theologica I*, q. 92, a.1 (author's translation).
38 Aquinas, Summa Theologica Suppl., q. 52, a. 1, ad. 2; II-II, q. 70, a. 3 (author's translation).

and deserves greater respect because his participation in conception is active while the mother's is merely passive and material."[39] As can be expected, this antipathy toward women was accompanied by an aversion to sexual relations. Aquinas, quite probably influenced by Augustine of Hippo, was convinced that sex within marriage was a type of legalized fornication and stated that "a marriage without sexual relations is more holy."[40]

In light of these facts, one has to recognize that there is a vast difference between biblical teachings and those of Thomas Aquinas. The concept of humans as male and female created in the image and likeness of God dissolved for Aquinas when faced with his belief in the natural inferiority of women. The barriers between men and women, which disappeared in Christ, became instead a declaration of a woman's inferiority that, contrary to science, even encompassed her role in reproduction. And sexual enjoyment, instituted by God before the fall, was reduced to the level of legalized fornication that the couple would do well to avoid altogether. Perhaps one cannot expect more from someone who spent much of his life in convents and uncritically accepted Aristotle's beliefs, but the spiritual and human consequences of such a viewpoint were disastrous.

This view also had collateral effects, such as the supposed spiritual superiority of clergy and monks—who were, after all, mandated to be

---

39 Aquinas, *Summa Theologica* II-II, q. 26, a. 10; I, q. 99, a. 2, ad. 2; Suppl., q. 64, a. 5, ad. 2; and Suppl., q. 49, a. 4, ad. 4; II-II, q. 56, a. 1. See also *Summa Contra Gentiles* III, 122, 123 (author's translation).
40 Aquinas, In IV Sententiae. d. 26, 2, 4 (author's translation).

celibate—over married people, as well as the insistence on the perpetual virginity of Mary the mother of Jesus, though Aquinas himself did not consider her to be without original sin as she is seen by Catholics now. Added to this was the truly denigrating view of women and a rejection of sexual relations. Sex was seen as negative even within marriage, and its suppression was considered spiritually beneficial.

Thus, except for the figure of the totally asexual mother of Jesus and a few isolated saints who were generally determined to be lifetime virgins, the view of women was negative. For example, the practice of witchcraft was believed to be almost exclusively limited to women. This led to horrific consequences, which cannot be minimized. As an example, in 1578 Francisco Peña, as he reedited the *Manual de Inquisidores* (*Directorium Inquisitorum*, or *Inquisitors' Handbook*), written at the end of the fifteenth century by Nicholas Eymerich, recorded that "one has to remember that the primary purpose of the trials and the death penalty is not to save the soul of the accused, but to procure the good of the public *and terrorize the people* (*ut alii terreantur*). . . . There is no doubt that instructing and *terrorizing the people* with the proclamation of sentences and the imposition of sanbenitos is beneficial."[41]

And women were the main target of this conscious intent to inject terror into society. The Dominicans Heinrich Kramer and Jacob Sprenger, authors

---

41 Quoted in B. Bennasar, *Inquisición española: Poder político y control social* (Barcelona: Crítica, 1981), 94–95 (emphases are his). The *sanbenito* was a garb worn as punishment during the inquisition and came to represent anything shameful.

of *Malleus Maleficarum* (*Hammer of Witches*), confidently stated that "a woman is a secret, idolatrous enemy. And when we say that she is more dangerous than a snare, we do not mean a snare like the ones used by hunters, but a diabolical one. . . . And when it is said that her heart is a web, it is a reference to the unfathomable wickedness that governs it." Hence it is no surprise that the burning of witches in some Catholic countries lasted until the end of the eighteenth century, when it had already completely disappeared in other parts of the world. It goes without saying that the reason for believing that the devil preferred female rather than male servants was due to the fundamental wickedness of women. But can one truly accept that a woman is better endowed to serve Satan than a man?

If these were the views of theologians and ecclesiastic authorities, one can easily imagine that the popular view was no better. It would take too long to enumerate all the anti-female legends that circulated widely during the Middle Ages, but it is imperative to consider at least one. Let us take as an example the belief that leprosy was the result of having had sexual relations with a menstruating woman. It seems the origin of this anti-female nonsense can be found in Judaism—for example, in the Baraita de-Niddah[42]—but it quickly reverberated in theologians such as Caesarius of Arles.[43]

---

42 Judith Baskin maintains that the Ashkenazi Hasidim were influenced by Christians rather than vice versa. Her point of view is debatable, but in either case it doesn't change the final analysis of the view of women in the Roman Catholic world. See J. R. Baskin, "From Separation to Displacement: The Problem of Women in Sefer Hasidism," AJS Review 19, no. 1 (1994): 1–18.
43 See A. Cuffel, *Gendering Disgust in Medieval Religious Polemic* (Notre Dame: University of Notre Dame Press, 2007), 101ff.

This worldview that was so markedly against any kind of sex, even conjugal, and against women would remain in the heart of Roman Catholicism for hundreds of years, if for no other reason than because the spiritual models were celibate priests and a perpetual virgin. Even someone as in favor of reformation in the Roman Catholic Church as Erasmus of Rotterdam was not able to free himself from this idea of women.[44] He was, after all, a clergyman himself. He stated that "we have to recognize that a woman is an inept and stupid creature, though pleasant and amusing."[45] In other words, undeniably women can be nice and afford agreeable moments, but this does not in any way diminish their fundamental vacuity. It is beyond the scope of this book to delve further into the view of women within Roman Catholicism, but it is worth mentioning that even in the second half of the twentieth century, Federico Arvesu, a Jesuit doctor, asserted that "a woman's organism is at the service of the womb while a man's organism is at the service of the mind."[46]

On the eve of the Reformation, then, the spiritual horizon within Roman Catholicism, and to a lesser extent in Eastern Christianity, was clearly established.

In the first place, sex was seen as dirty in and of itself and was the consequence of sin. It had emerged as a result of the fall of Adam and Eve. Even though it now had a lawful place within

44 On Erasmus of Rotterdam and his work, with bibliography, see Vidal, *Diccionario histórico del cristianismo*.
45 Erasmus, *In Praise of Folly*, chap. 17.
46 Federico Arvesu, La virilidad y sus fundamentos sexuales (Madrid: Studium, 1962).

matrimony, it was really nothing more than legalized fornication, and it was best if even husband and wife freed themselves of it. Admittedly, it was impossible to reject sexual relations within a marriage, but these relations should take place only for the purpose of procreation. It was a venial sin if the couple sought pleasure, and, of course, they were always morally inferior to those who abstained from all sexual relations.

Second, true spiritual perfection could be attained only on the basis of total abstention from sexual relations. This was the obligatory road for monks and priests, and indeed it was the way taken by Mary the mother of Jesus, who was always a virgin, although perhaps not entirely free from sin.

Third, the nature of women could be clearly deduced from these views. A woman was an inferior creature, even physically, and having sex with her was a disgraceful phenomenon that was at odds with the quest for spiritual perfection. This very same inferior nature made her a "gateway of the devil" and a source of wicked temptation. Certainly it must have been so for healthy men who had decided never to marry because of ecclesiastic decrees. It is significant that medieval literature oscillated between an acutely idealized and a distinctly stark view of women. In both cases, the biblical view of relations between a man and a woman was absent.

This was the only view of women and sexuality held by clerics and theologians on the eve of the Reformation.

Women and the Reformation (I): Family, Marriage, and Sex

As we have seen, the fourth century AD marked a before and an after in the history of Christianity. Until that point and despite its growing influence, Christianity had become a "superstition," an "illegal religion," and therefore subject to periodic persecutions. At the beginning of the fourth century, Constantine in his political astuteness not only granted Christianity legal status but also transformed it into an important social power. It was not yet the official religion of Rome—a step that would take place under a subsequent emperor several decades later—but it did receive a flood of donations and public honors. Many of its members saw this transformation from a banned religion to one that was at the center of the world as extremely positive. We must stress, however, that this was simply personal opinion. The reality was that paganism penetrated Christianity with enormous vigor, altering its communal practices, its theology, and its worldview. Beginning with the fourth century, there was an explosion of religious syncretism. This had al-

ready had effects in previous centuries, which we have observed, but now it truly stifled certain essential aspects of Christianity.

This circumstance led to huge changes that penetrated the most private places of the home. The view of women was by no means excluded from these changes. The New Testament had lifted women up in ways that were unknown in the classical world as well as in Judaism. Jesus treated women with a nearness and familiarity that surprised even his disciples (John 4:27), as we noted in chapter 1.

Nevertheless, this view was blown to pieces in the fourth century. Women started disappearing from church ministries except in cases where they became nuns. However, to become nuns they necessarily had to give up the possibility of marriage or having children. In other words, if a woman wanted a role—and generally a minimal one at that—within the church, she was limited to only those positions that were socially acceptable. This also meant that in cases where the woman maintained her natural disposition toward marriage and motherhood, she was regarded as next to nothing, except if she was a queen or an aristocrat. Incidentally, this decline in the dignity of a human being also affected men, so that certain occupations began to be viewed as less honorable. Nevertheless, this decline was less than that of women, and that was especially seen within the church.

It is not surprising, then, that the image of women throughout the Middle Ages was a troubling one. Either a woman renounced her inherent nature and embraced celibacy, or she remained true to her nature and was relegated to a role that was not only inferior but at times even considered depraved. It is remarkable how theologians and saints of the time heaped blame on the woman for being a temptation, which up to a point is perhaps logical since the critics were all men. We have already shown in previous chapters what that entailed. In this final part of the book, we will examine (in two chapters) how the Reformation offered a radically different view as the Reformers turned back to the Bible.

Women, Family, and Marriage

The fact that the Protestant Reformation of the sixteenth century again placed the Bible at the center of church life meant that it recovered a scriptural view of women and therefore of sex, marriage, and the family. In the following pages we will look briefly at how this biblical worldview marked a clear difference from what was taught and practiced by the Roman Catholic Church for many centuries and what it meant to reconnect with the view set out in Scripture.

Unlike the priests and theologians of the Middle Ages and the Renaissance, who were happy to regard matrimony as legalized fornication and in distinctly unfavorable terms by relating it directly to the fall, the Reformers not only reclaimed the

high esteem the Bible had of it but also demonstrated a noteworthy concern for the well-being of married couples. Indeed, Martin Luther himself wrote regarding his pastoral duties:

> Certainly one has to attend to matrimony more than all the other matters. Because of it we are hardly able to read, preach or study. I have observed many married couples who come together with such great passion that they are ready to devour each other out of love, but after half a year they run from each other.

> I have known people who have come to hate each other after they have had five or six children and were together not only because of their marriage but also because of the fruit of their union. Yet they still left each other.[1]

These words of Luther, who was a priest for many years, reflect a reality that was seen over and over in the Catholic world. Not only was the prohibition against divorce far from common during the Middle Ages, but daily life revealed a multitude of cases where it occurred and caused considerable harm to many people.[2] The Reformation not only realistically addressed the tragedy in myriads of families; it also redefined marriage and the role of women on the basis of something more solid than

---

1   Martin Luther, *Sermon on Matthew* 19:10–12 (author's translation).
2   On the existence of divorce in Catholicism during the Middle Ages and its justification by theologians and ecclesiastical provisions, see M. West and R. Francis, *Scandal in the Assembly* (New York: Morrow, 1970), 113ff. The authors, both Catholic, begin by quoting Tertullian, who in his treatise *Against Marcion* stated, "Habetitaque et Christum assertoremiustitiadivortii" ("Even Christ defended the legitimacy of divorce").

the lucubrations of theologians or the decisions of councils. To begin with, marriage was seen as so noble and sublime that logically pastors could enter into it as a natural state in life. Contrary to what some might think, this view did not arise from the uncontrollable sexual desires of the Protestants, as Catholic apologetics claims, but simply from reading the New Testament. Within its pages we find, for example, an account of how all the apostles traveled with their wives, with the exception of Paul and Barnabas, who were, rather unusually, not married (1 Cor. 9:5). In the same way, Paul points out that among the requisites for becoming a bishop is to be married and know how to raise well-mannered children (1 Tim. 3:1–7; Titus 1:5–9).

It is equally true that despite the clear teaching of the Bible, the Catholic Church had been starting to force celibacy on the clergy throughout the Middle Ages. However, the Reformers recalled what Paul taught in 1 Timothy 4:1–3, declaring that those who prohibit marriage are teaching doctrines of demons. For that very reason they attributed the Catholic disavowal of sex and the prohibition against marriage for the clergy to the devil himself. William Gouge, for example, wrote that "it is accounted a doctrine of devils to forbid to marry. For it is a doctrine contrary to God's word."[3] In the same vein Thomas Gataker said, "The marriage bed (saith the Apostle) is of itself

---

3   W. Gouge, *The Good Wife*, quoted in C. H. George and K. George, *The Protestant Mind of the English Reformation*, 1570–1640 (Princeton: Princeton University Press, 1961), 265.

free from filth. . . . But saith the Spirit of Satan speaking by these men or beast rather: marriage is dishonourable."[4]

The Reformation, then, restored marriage, sex, and the family to their places of honor. Indeed, the family was very important to the Reformers. But what was the family in reality, and what was its purpose? Was it merely a consequence of the fall of Adam and Eve, or was it something else entirely? Was it possible to have both a spiritual and at the same time a practical perspective on it? Benjamin Wadsworth, a Puritan theologian, gave the following answer in his *Well-Ordered Family*: "Every Christian . . . should do all he can to promote the glory of God, and the welfare of those about him: and the well ordering matters in particular families tends to promote those things. . . . A family wherein the true worship of God, good pious instruction and government are upheld is beautiful in the eyes of God himself: he delights to bless such."[5] This assertion by Wadsworth could not have been any clearer or more conclusive. The family is not a phenomenon that emerged from the tremendous tragedy of the fall. Rather, it was a privileged channel for worshiping God and benefiting society. Indeed, if a family incorporated the worship of God, good instruction, and proper order into its life together, it would without a doubt receive the blessing of the Most High.

Other Reformation writers thought similarly and added their own compelling pronouncements.

---

4   T. Gataker, quoted in George and George, *Protestant Mind*, 169.
5   B. Wadsworth, quoted in W. Smith, *Theories of Education in Early America*, 1655–1819 (Indianapolis: Bobbs-Merrill, 1973), 41.

William Perkins, for example, firmly declared, "Marriage was made . . . by God himself, to be the fountain . . . of all other sorts and kinds of life in the commonwealth and in the church."[6] This was indeed a grand vision that we find in other Reformation authors as well, one presented not only matter-of-factly but also repeatedly and systematically. Cotton Mather, for example, maintained that "well-ordered families naturally produce a good order in other societies. When families are under an ill discipline, all other societies (will be) ill disciplined."[7] Isaac Ambrose had an even more exalted view, if possible, conferring on a man and a woman the task of "erecting and establishing Christ's glorious kingdom in their house."[8]

It would, however, be a mistake to limit the view of the family and of the married couple to simply an institution created by God whose well-being benefits society—this aspect has been recognized practically by all cultures until it began to be challenged in the nineteenth century—and which serves as a conduit for divine purposes. Certainly it is all of that, but it is also so much more, and this is where the Reformation restored the sublimely beautiful aspects of matrimony that had been completely forgotten among the misogyny and contempt toward it that was characteristic of medieval Catholicism.

6   W. Perkins, quoted in George and George, *Protestant Mind*, 268.

7   This idea of Mather's had enormous repercussions and has been widely quoted. See, for example, one of the great scholars of this period in England, C. Hill, *Society and Puritanism in Pre-Revolutionary England* (New York: Schocken, 1964), 459.

8   I. Ambrose, quoted in R.C. Richardson, *Puritanism in North-West England: A Regional Study of the Diocese of Chester to 1642* (Manchester: Manchester University Press, 1972), 105.

The first aspect was to replace the idea of the family as a simple hierarchical order with a vision of an institution that looked out for deep human needs. The Reformation, for example, continually emphasized the need to view one's spouse as a companion. William Ames even defined marriage as "the institution of God which establishes the individual companionship of husband and wife."[9] For his part, Henry Smith taught that God instituted marriage "that the infinite troubles which lie upon us in this world might be eased with the comfort and help of each other."[10] Without a doubt, this was a monumental improvement in the life of a husband and wife. Matrimony was not simply an institution that permitted the conjoining of assets and ensured that these were passed on to the following generations, purposes that were recognized by Roman law and that the Roman Catholic Church has preserved. Rather, the reason marriage exists is to provide a framework for a man and a woman to offer companionship and help to each other in what is often a very difficult existence. This mutual companionship, this viewing of one's spouse not as a servant, a provider, or even an enemy, but rather as the person with whom one can pass through life and reveal the kingdom of God to others, is what defines a marriage. Ultimately, as Robert Bolton explains—contrary to the views of saints such as Augustine of Hippo or Thomas Aquinas—the husband must

---

9   William Ames, *The Marrow of Theology* (Boston: Pilgrim, 1968), 319.
10 H. Smith, *Works*, quoted in Albert Hyma, *Christianity, Capitalism and Communism: A Historical Analysis* (Ann Arbor: Wahr, 1937) 233.

remember that "his wife hath as noble a soul as his himself. . . . 'Souls have no sexes.'"[11]

Few can explain this view of marriage and the role of a woman better or in a more straightforward manner than Thomas Gataker, a view so different from the one prescribed during the previous millennium. He explains how a wife should acknowledge her husband as the head,[12] and at the same time he defines a woman as "a help, or an assistant; not a mate only, but an helper; not a companion only, but an assistant too."[13] How could it be otherwise, since, as Samuel Torshell affirmed, "women are capable of the highest improvements and the greatest glory to which man may be advanced"?[14]

Indeed, because of the above, the medieval Roman Catholic order in which men had control over women because they were inferior imploded. Spouses could now admonish one another as long as it was done befittingly. As Samuel Willard pointed out, a husband and a wife should "choose the fittest season to reprove each other, for things which their love and duty calls for."[15]

This return by the Reformation to the biblical worldview of the couple is also clearly seen in the area of sexuality.

11 R. Bolton, *Works* (quoting Ambrose), quoted in George and George, *Protestant Mind*, 282.
12 T. Gataker, *Marriage Duties*, quoted in George and George, *Protestant Mind*, 276.
13 T. Gataker, The Good Wife, quoted in George and George, *Protestant Mind*, 287.
14 S. Torshell, *The Woman's Glory*, quoted in Richardson, *Puritanism*, 106.
15 S. Willard, *A Complete Body of Divinity*, quoted in L. T. Ulrich, "Vertuous [sic] Women Found: New England Ministerial Literature, 1668–1735," in Puritan New England, ed. A. T. Vaughan and F. Bremer (New York: St. Martin's Press, 1977), 221–22.

Women and Sex

The Reformation did not consider marriage to be merely tolerated by the church and reserved for those imperfect believers who were not capable of maintaining total and perpetual abstinence from sexual relations, so that they could vent their desires, which was essentially just fornication. It must be noted that this negative view of sex affected not only Roman Catholicism but also Judaism, even more markedly if that were possible. It is certainly significant that when the Bible, in Song of Songs, describes the lover as a bundle of myrrh that rests between the breasts of the beloved (1:13–14), instead of accepting it as a beautiful image of the beauty of sex as a creation of God, Judaism claimed that this refers to the ark of the covenant between the cherubim, and Catholicism maintained that it is about Christ in between the Old and New Testaments. In both cases the theological systems were incapable of accepting biblical teaching and instead hid it completely underneath other interpretations.[16]

In the face of these ideas, however, the Reformation brought a radical change. According to its view, which came directly from the Bible, marriage was meant to be a place of enjoyment, happiness, and the extraordinary, beautiful, and pure pleasure of sex. It must be stressed that this is what the Reformers believed for the simple reason that this is what is set forth in Scripture. Luther

---

16 A very interesting account of this negative view of sex and of women in present-day Judaism can be found in Evelyn Kaye, *The Hole in the Sheet: A Modern Woman Looks at Orthodox and Hasidic Judaism* (Secaucus, NJ: Stuart, 1987).

expressed the same view. He not only married but also lived a happy conjugal life with an exemplary wife whom he praised until the day he died. Calvin, for his part, made it clear in his commentary on the First Letter to the Corinthians that "conjugal sex is something that is pure, honorable and holy because it is a pure institution of God."

Unlike Catholic theologians—celibate clergy who reviled women —the Reformers affirmed a view of sex that was balanced, romantic, and beautiful. William Gouge, for example, in his exegesis of Proverbs 5:18–19—where it declares that a wife is like a "beloved deer and graceful gazelle"—wrote that the comparison was entirely apt and well chosen, because deer and gazelles are the most enamored with their partners "and even mad again in their heat and desire after them."[17] In other words, the Bible compares women with female creatures who are the most ardent lovers in nature and did not do so as a shameful accusation. Rather the opposite is true, because women are magnificently gifted in this way in order to gain the pleasure and satisfaction of their husbands. Sex was not legalized fornication nor a foul, dirty act but an element of enjoyment and fulfillment in the life of a husband and wife. In fact, Gouge added that sexual relations were "one of the most proper and essential acts of marriage."[18] Thus it was only natural that he would declare that married couples

17 W. Gouge, "Of Domesticall Duties," quoted in R. M. Fye, "The Teachings of Classical Puritanism on Conjugal Love," *Studies in the Renaissance* 2 (1955): 153.
18 W. Gouge, "Christian Calling," quoted in P. Miller and T. J. Johnson, eds., *The Puritans*, 2 vols. (New York: Harper & Row, 1963), 1:322.

should have sexual relations "with good will and delight, willingly, readily and cheerfully."[19]

Gouge's point of view was not by any means unusual. For example, Alexander Niccholes maintained that in marriage "thou not only unitest unto thyself a friend and comfort for society, but also a companion for pleasure."[20] In the same way William Ames stressed that one of the duties in marriage was the "mutual communication of bodies."[21] Once again, this view springs directly from the Bible. As the great English poet John Milton pointed out, the reference in Genesis 2:24 that the man and woman would be "one flesh" is in the Bible "to justify and make legitimate the rites of the marriage-bed; which was not unneedful, if for all this warrant they were suspected of pollution by some sects of philosophy and religions of old, and latelier among the papists."[22] One cannot accuse this great writer of exaggeration. Rather, he had put his finger directly on the problem. It was necessary to reclaim the simple and yet transcendent biblical teaching on marriage and sexuality for the simple reason that pagan philosophy and the Roman Catholic Church had substituted it with dark and degrading views. Of course, such a different

---

19 W. Gouge, "Duties," quoted in L. L. Schücking, *The Puritan Family: A Social Study from the Literary Sources* (New York: Schocken, 1970), 38.

20 A. Niccholes, "A Discourse of Marriage and Wiving," in J. T. Johnson, *A Society Ordained by God: English Puritan Marriage Doctrine in the First Half of the Seventeenth Century* (Nashville: Abingdon, 1970), 23.

21 W. Ames, "Conscience with the Power and Cases Thereof," quoted in Johnson, *Society Ordained by God*, 64.

22 J. Milton, *Tetrachordon*, in *Complete Prose Works*, ed. Don M. Wolfe, 8 vols. (New Haven: Yale University Press, 1953–82), 2:606–7.

concept is not limited to Genesis. Milton also referred to other portions of Scripture, such as those in Proverbs and in the Song of Songs. Regarding these, the exceptional poet wrote: "Wisest Solomon among his gravest Proverbs countenances a kind of ravishment . . . in the entertainment of wedded leisures; and in the Song of Songs . . . sings of a thousand raptures between those two lovely ones far on the hither side of carnal enjoyment. By these instances, and more which might be brought, we may imagine how indulgently God provided against man's loneliness."[23]

These days Puritanism is used as a synonym for sexual repression, the rejection of pleasure, or an aversion to sex. Passages like the one above reveal how far removed this view, as widespread as it maybe, is from reality. The great Puritan preacher Cotton Mather, for example, called his wife "a most lovely creature and such a gift of Heaven to me and mine that the sense thereof . . . dissolves me into tears of joy."[24] These were indeed immensely profound, noble, and beautiful sentiments. They were not, of course, unique to him, and the way in which these authors regard love between a man and a woman is truly moving. Allow us to give a few more examples as an illustration of this.

Thomas Hooker left us an eloquent description of the relation between a man and a woman through a picture of how the former lived in relation to the latter: "The man whose heart is

---

23 Milton, *Tetrachordon,* in *Complete Prose Works,* 2:597.
24 Cotton Mather, quoted in M. H. Hunt, *The Natural History of Love* (New York: Knopf, 1959), 242–43.

endeared to the woman he loves . . . dreams of her in the night, hath her in his eye and apprehension when he awakes, museth on her when he sits at table, walks with her when he travels. . . . She lies in his bosom, and his heart trusts in her, which forceth all to confess that the stream of his affection, like a mighty current, runs with full tide and strength."[25]

As one could expect, the view of women that underlies this description of marriage and sex is altogether beautiful and sublime. What we see in these descriptions by the Reformers is a heartfelt esteem and a profound gratitude toward God for women. Daniel Rogers, for example, affirmed that a wife is a "friend" and saw her as "next to the soul's peace with God . . . the greatest content under the sun."[26] Robert Cleaver also openly denounced the negative view of women, so widespread during the Middle Ages, stating that "a wife is called by God himself an helper, and not an impediment or a necessary evil, as some unadvisedly do say. . . . These and such like sayings, tending to the dispraise of women, some maliciously and undiscreetly do vomit out, contrary to the mind of the Holy Ghost who said that she was ordained as a helper, and not a hinderer."[27] Similarly, John Cotton asserted that "women are creatures without which there is no comfortable living for man. . . . They are a sort

25 T. Hooker, quoted in E. S. Morgan, *The Puritan Family* (Boston: Trustees of the Public Library, 1944), 61–62.
26 D. Rogers, *Matrimonial Honour*, quoted in C. L. Powell, *English Domestic Relations*, 1487–1653 (New York: Russell & Russell, 1972), 139.
27 R. Cleaver, *A Godly Form of Household Government*, quoted in J. L. Irwin, ed., *Womanhood in Radical Protestantism*, 1525–1675 (New York: Mellen, 1979), 76.

of blasphemers then who despise and decry them and call them a necessary evil, for they are a necessary good."[28]

Reformers saw women as equals on the basis of the extraordinary dignity outlined in the very Word of God. William Secker stated that God created Eve as a "parallel line drawn equal" to Adam, not formed from the head "to claim superiority but out of the side to be content with equality."[29] It is true that the Bible teaches that wives should submit to their husbands, but as Daniel Rogers says, this "subjection we treat of is not slavish, but equal and royal in a sort."[30] Similarly, Gouge taught clearly that "there is the least disparity betwixt man and wife" because "though the man be as the head, yet is the woman as the heart, which is the most excellent part of the body next the head, far more excellent than any other member under the head, and almost equal to the head in many respects, and as necessary as the head."[31]

With a similar viewpoint, William Secker, not surprisingly, compares a husband and wife to two instruments that come together to play excellent music, or to two streams that blend into one.[32] Also, Seaborn Cotton, during his time as a student

28 J. Cotton, A Meet Help, quoted in E. Morgan, "The Puritans and Sex," in *Pivotal Interpretations of American History*, ed. C. L. Degler (New York: Harper & Row, 1966), 41.

29 W. Secker, *A Wedding Ring*, quoted in L. T. Ulrich, *Good Wives: Image and Reality in the Lives of Women in Northern New England, 1650–1750* (New York: Vintage, 1982), 107.

30 Rogers, *Matrimonial Honour*, quoted in D. M. Stenton, *The English Woman in History* (London: Allen & Unwin, 1957), 150.

31 Gouge, *Duties*, quoted in Irwin, *Womanhood in Radical Protestantism*, 98.

32 W. Secker, quoted in Ulrich, *Good Wives*, 221.

at Harvard, copied down passionate Renaissance poetry, which he used in his church meetings.[33] Nor is it strange that when a woman in a Puritan church in New England complained first to her pastor and then to the whole congregation that her husband neglected her sexually, the husband was excommunicated.[34]

Herbert W. Richardson, an author not in the least suspected of being a Christian, recognized that the idea of romantic love came from the Protestant Reformation of the sixteenth century and especially the Puritans. This idea was totally at odds with the Catholic view, which even today continues to be appalling in many respects.[35] Nevertheless, the Reformation did not lead to a different view of women in these areas only, as we will see in the following chapter.

---

33 S. Cotton, quoted in Morgan, *Puritan Family*, 63.
34 C. P. Smith, *Yankees and God* (New York: Hermitage House, 1954), 11.
35 H. W. Richardson, Nun, *Witch, Playmate: The Americanization of Sex* (New York: Harper & Row, 1971), 68–79. Richardson also reflects on the positive influence that this view of lovåe has had on education, the development of individuality and freedom within society.

Women and the Reformation (II): Church, Work, Education, Art, and Compassion

Women in the Church

The view of women that emerged from the return to Scripture by the Protestant Reformation of the sixteenth century almost immediately translated into a much greater presence of women in the church. There are indeed abundant examples of this. The chalice was again given to the laity during the Lord's Supper, and this meant all the laity, not excluding women. Singing in the church was now done by all people instead of being limited to the clergy, and this of course included women as well. Likewise, men and women alike were now able to follow the service in their vernacular and read the Scriptures in the language they spoke daily.

This was, however, only the beginning. In the following decades there were reformation movements that granted even greater import to women. For example, during the sixteenth century there were Quaker women evangelists and preachers,

which caused consternation and anger—but also repentance and conversion—in a good number of people on both sides of the Atlantic. In fact, everything points to the fact that the more these reform movements moved away from medieval Catholic traditions and the closer they moved toward biblical teaching, the greater the role of women became.

A comprehensive history of women during the Reformation has yet to be written, but there is no doubt that their contributions, though little known, were important. To mention just a few, we remember Marguerite of Angoulême, who was at the center of a circle of humanist Reformers; Isabel d'Albret of Navarre, who introduced the Reformation in Brittany; Charlotte de Laval, wife of the Huguenot leader Gaspard de Coligny and his mainstay during the worst crises and persecutions; Jeanne d'Albret, who was a great promulgator and patron of the Reformation in French Navarre; and Charlotte Arbaleste, wife of Philippe Duplessis-Mornay. There was also Catherine de Parthenay, who endured tremendous trials during the siege of the Protestant city of La Rochelle, and Claude du Chastel, protagonist of a magnificent love story between her and a Catholic man whom she brought to a biblical faith.

It is important to realize that these are only a few examples, to which could be added Francisca Hernández, María Cazalla, and Marina de Guevara from Spain; Birgitte Gjose, Anna Hardenberg, and Queen Dorothea of Denmark; Anna Pedersdotter of Norway; Catherine Jagiellon from Sweden; Luisa

Sigea of Portugal; Anne Locke and Elizabeth and Marjery Bowes from Scotland; Katherine Stubbes and the four daughters of Anthony Cooke—Katherine, Elizabeth, Anne, and Mildred—of England; Bona Sforza, Katherine Weigel, Jadwige Gnoinskiej, and the poets Zolia Olesnicka, Regina Filipowska, and Margareta Ruarowna, all from Poland; and Mary the queen of Hungary and Bohemia, Isabella Zapolya, and Helena Mezeo from Hungary.

Many of them carried out their work of reformation in Catholic countries and paid for that audacity with their lives. In fact, it must be pointed out that women Reformers especially suffered persecution. That was the case for women who played an important role in secret Protestant groups in Spain and Italy; those who perished in the fires of Spanish *autos-da-fe*; or those who, for example, during the efforts of the French Camisards to force the conversion of Protestants to Catholicism or eradicate them, sustained congregations by their selfless labor. With the men imprisoned, exiled, or dead, those women ensured the survival of the local churches by preaching, evangelizing, and even prophesying, duties that would have been out of the question in any other spiritual setting.

This influence of the Reformation paid no attention to social, educational, or even racial differences. This is evident, for example, in the case of Jarena Lee. Born black and free in 1783 Cape May, New Jersey, Jarena worked from a very early age as a domestic servant. When she was still an adolescent, she moved to Pennsylvania.

Jarena had not received any Christian training, but when she attended a worship service in Bethel Church, the preaching of Bishop Richard Allen moved her and she gave her life to Jesus. In 1807 she felt a call from the Lord to preach, which many found unacceptable for a woman to do. Her desire became a reality twelve years later when the preacher at Bethel Church suddenly could not speak and was unable to finish. Jarena immediately got up from her seat, went to the pulpit, and finished the message. Bishop Allen, astonished by what he heard, not only did not reprimand her for what she did but also recognized that she had a true calling and authorized her to preach. Although she was a woman and black, Jarena's ministry was unstoppable. In just one year she traveled 2,325 miles and preached 178 times. Only the freedom of the Word set loose by the Reformation was able to have such an effect on Jarena's life as well as on the lives of thousands of other women.

For hundreds of years women had been ignored, pushed aside, and cloistered by the Roman Catholic Church. In some cases they had shared this marginalization with lay men; in others they had suffered very specific isolation because they were women. Happily, this situation changed drastically with the Reformation.

Women and Work

Just as with their role in the church, women directly benefited from the return to biblical values,

carried out by the Reformation, in other spheres such as work.[1] The Roman Catholic Church paid homage to a view of work that was severed from the Bible, which Eusebius, the great defender of Constantinianism, had described in the fourth century:

> Two ways of life were given by the law of Christ to his church. The one is above nature, and beyond common human living. . . . Wholly and permanently separate from the common, customary life of mankind, it devotes itself to the service of God alone. . . . Such then is the perfect form of the Christian life. And the other, more humble, more human, permits men to . . . have minds for farming, for trade, and the other more secular interests as well as for religion. . . . And a kind of secondary grade of piety is attributed to them.[2]

This distinction between more and less holy occupations was not originally Christian, but because of the infusion of paganism that Christianity received in the fourth century, it grew stronger throughout the Middle Ages, as did other problems. This should not be surprising since other foreign elements were also absorbed, such as the concept of a slave society from Rome, chivalric and military ideas from the Germanic peoples, and Aristotelian views. These elements all became interwoven into the Roman Catholic Church, though they had nothing to do with the early Christianity of Jesus and his apostles. By the beginning of

---

1   See a more thorough study of this in C. Vidal, *El legado de la Reforma* (Tyler, TX: Editorial JUCUM, 2016), 257ff.
2   Eusebius, Demonstratio evangelica, quoted in L. Ryken, *Worldly Saints* (Grand Rapids: Academie Books, 1990), 24.

the sixteenth century when the Reformation burst onto the scene, no one would have questioned the notion that some occupations were more worthy than others or that certain occupations were not suitable for lords and people who took pride in themselves. In fact, work was even seen as a punishment from God imposed on our first parents because of their fall in the Garden of Eden. The Reformation, by turning back to the Scriptures, presented a radically different view of work.

To begin with, the return to the Bible brought the discovery—it took more than a millennium to realize this!—that before the fall Adam had already received from God his mission to work, and this work consisted in something as servile, in theory, as cultivating and keeping the land (Gen. 2:15). This simple discovery would drastically change the history of the West and with it, of humanity. Women, moreover, would not be excluded from this restoration of a biblical worldview.

In his commentary on Genesis 13:13, Luther noted in regard to chores in the home that "they don't have the appearance of holiness, and yet work related to domestic chores is more desirable than all the work done by all the monks and nuns. . . . In the same way, secular jobs are a worship of God and an obedience that pleases God." He adds in his exposition of Psalm 128:2, "Your work is something very sacred. God delights in it and through it he desires to give you his blessing." Calvin—who is perhaps overly associated with the so-called Protestant work ethic—was also clear

about this. In his commentary on Luke 10:38, he maintains that "it is a mistake to claim that those who flee from the affairs of the world and devote themselves to contemplation are living an angelic life. . . . We know that men were created to be busy with work and no sacrifice pleases God more than that everyone attends to his vocation and studies, in order to live well on behalf of the common good." In both cases, what Luther and Calvin wrote was incredibly novel and one could even say revolutionary. The work of the lowliest person—be they an unskilled laborer or a house-wife—was not inferior or lacking in importance. On the contrary, it had immense dignity because from before the fall God had decreed that human beings would work. The woman who cleaned, the man who sowed, the person who removed filth from the streets performed a more important and of course no less dignified job than those who en-closed themselves in convents and as a general rule lived off the work of others.

Lesser-known Reformers were no less explic-it than Luther and Calvin in their rehabilitation of jobs that were considered barely short of dis-graceful—and in some cases utterly disgraceful—in Europe of the Counter-Reformation. William Tyndale—who translated the New Testament from the original Greek into English and was burned at the stake by order of Henry VIII—wrote in *The Parable of the Wicked Mammon,* "There is differ-ence betwixt washing of dishes and preaching of the Word of God, but as touching to please God,

none at all."[3] William Perkins, one of the most important Puritan theologians, said that people can serve God "in any kind of calling, though it be but to sweep the house or keep sheep."[4]

Indeed, work is endowed with a dignity that comes from God himself, and there are no exceptions for such things as women's work or domestic chores. As Luther wrote, "When a housewife cooks and cleans and performs other domestic chores, because this is the commandment of God, even such a small task should be praised as a service to God that greatly outweighs the holiness and asceticism of all monks and nuns."[5] At the beginning of the sixteenth century, such a statement was absolutely revolutionary. Today it would be truly politically incorrect. It is indeed noteworthy that throughout history positions that are totally opposite to each other have looked down on the work of the homemaker. In male chauvinist societies, these tasks are considered to have scant value. In societies with a more feminist bent, the disdain has a different flavor but can be even greater; indeed, there is an aggressive insistence that women who work domestically are unfulfilled, without depth, and unimportant. The Reformation, however, in contrast to both views, restored to women of all social classes the place of honor from which they had been ousted, a place that was much

3   W. Tyndale, quoted in L. B. Wright, *Middle-Class Culture in Elizabethan England* (Chapel Hill: University of North Carolina Press, 1935), 171.
4   W. Perkins, quoted in H. Davies, *Worship and Theology in England: From Cranmer to Hooker, 1534–1603* (Princeton: Princeton University Press, 1970), 66.
5   Luther, *Lectures on Genesis: Chapter 26–30.*

greater than the one offered by monasticism, that artificial creation of the Middle Ages, but also by feminism of the eventual twenty-first century. Ultimately, as on so many other occasions, the Word of God demonstrates that it is far above any ideology created by humans in its approach to human dignity.

Women and Education

Another of the Reformation's greatest achievements was to place education among the priorities of society.[6] Once again this was directly due to the reclamation of Scripture. Thus, for example, the Bible recounts that when Moses bid farewell to Joshua, his successor, he charged him with the following: "Let this book of the Torah never leave your mouth, but day and night you shall meditate on it, in order that you keep it and act according to all that is written in it, because then your way will prosper and everything will go well for you" (Josh. 1:8). Very seldom has a spiritual counsel so spectacularly changed the course of history. From that point forward, spiritual behavior and practices would not be linked as much to ritual—although that did occur—as to the reading of a sacred text that was available not only to a priestly caste but to all people. As chapter 6 of Deuteronomy indicates, parents had to be able to explain to their children the commandments found in the Torah. This connection of religion to a book had an immediate consequence for the people of Israel. It created a culture that desperately needed

---

6   For a fuller study of this, see Vidal, *El legado de la Reforma*, 275ff.

to become literate in order to believe. Literacy became so widespread that, for example, in Jesus's time no one was surprised that the son of a carpenter or a fisherman knew how to read, write, and discuss a text. This circumstance did not exist in surrounding cultures, and it gave the Jews an extraordinary ability to survive. Even before the destruction of the temple in Jerusalem in AD 70, the Jews had deposited the spiritual guide of their nation not in priests but in the wise.

Arising from this worldview in Israel that made the book central to its belief, Christianity should have followed the path that was already mapped out with regard to literacy. Indeed, it was so in the first century. For example, when Paul took leave of Timothy, he reminded him that "from childhood you know the Sacred Scriptures, which can make you wise for salvation through faith in Jesus Christ" (2 Tim. 3:15). Nevertheless, like so many other aspects of Christianity, the situation changed dramatically in the fourth century with the incursion of paganism, which, as we saw in chapter 2.

From the fourth century onward, Christianity began changing from an emphasis on Scripture to a ceremonial and priestly focus, and this continued to expand during the Middle Ages. The monasteries did play a certain role in preserving classical culture, and there were attempts—though failed—to promote this culture to some degree. Yet throughout the Middle Ages it was clear that in Christianity, just as in paganism, one could

be pious—even a saint—and yet be illiterate. One only needed to look at the images—some have called them the Bible in stone or the poor person's Bible—to understand Roman Catholicism and live in accordance with it. Indeed, being able to read and write was not a requirement for knowing the way of salvation and, incidentally, neither was it a requirement for other tasks, such as in war or in the fields. This view, however, was shattered by the Reformation of the sixteenth century.

As we saw in the previous chapter, the only rule of faith and conduct for the Reformers, in accordance with the teachings of the New Testament (2 Tim. 3:14–17), was the Bible. This was a book that everyone had to have access to in order to study it freely without the restrictions of a hierarchy, and since it was the Word of God, it would explain itself. It is curious that even today some Roman Catholics tiresomely insist that a free and unhampered study of the Bible is spiritually wicked. In reality, however, this concept of the Reformation was simply an affirmation of a fundamental right. This was the right to access the sacred text and be able to read it in one's own language rather than Latin, which most people did not know. Furthermore—and this is in line with what already existed in ancient Israel—the pastor in Protestantism was no longer a priest. Instead, he was the wise person, like the rabbis throughout centuries who knew the Scriptures. One could have been—and can be—a faithful Catholic without knowing how to read or write.

This is out of the question in Judaism as well as Protestantism. How can one approach a text that by definition comes from God without knowing how to read or write?

The consequences of this new perspective were truly remarkable, at the very least because the Reformation wanted to survive and, even more, to expand. Neither was possible without the spread of literacy. Thus, on May 21, 1536, the first mandatory public school in history was established. The place was Protestant Geneva, but it was not unique. The first Scots Confession of 1560 instituted education reform, requiring that in rural areas children be taught in schools attached to churches; in cities that had superintendents, schools and universities were to be opened with properly paid personnel.

June 5, 1559, marked a milestone in the history of education. For two hundred years the Genevese had tried unsuccessfully to establish a university in their municipality. This completely changed thanks to the direct intervention of John Calvin, who was pushing for free and mandatory primary education as well as for free university education. By the time Calvin died in 1564, there were 1,200 students at the university. The free educational institutions launched by Calvin were "precursors of modern public education."[7] The prestige of the free, public university of Geneva was so immense that it very quickly began adding schools. For example, a law school was added in

---

7   For more on this, see D. R. Kelley, *Francois Hotman: A Revolutionary's Ordeal* (Princeton: Princeton University Press, 1973), 270.

1567 after the St. Bartholomew's Day Massacre, with the best legal scholars as teachers, such as François Hotman and Denis Godefroy. The quality of the teaching was such that Thomas Jefferson actually dreamed of buying the university and bringing it to the United States.[8]

The countries where the Reformation prevailed greatly expanded their efforts to educate the whole population without exception, not just the elite (like the Society of Jesus did) or homeless children (like José de Calasanz, who had more heart than success). By the end of the sixteenth century, literacy in Protestant Europe was much higher than in Catholic regions. This included Spain, where Felipe II had decreed that students not pursue their studies at foreign universities for fear of corruption by heresies, and France, where the Huguenot population was much more literate than the Catholic. In the case of some Protestant denominations, progress in this area was truly spectacular and enviable even for the twenty-first century. For example, in the mid-seventeenth century, precisely at the time when Spain ceased to be the hegemonic power in Europe, the literacy rate among Quakers of both sexes was at 100 percent. This explains in large part their success in the following decades in such sectors as banking, commerce, and science. Not by coincidence, Spain of the Counter-Reformation fell behind in these very areas.

------

8   D. W. Hall, *The Genevan Reformation and the American Founding* (Lanham, MD: Lexington, 2003), 2–4.

Women and the Arts

The return to Scripture that characterized the Reformation also had clear repercussions in the world of art.[9] It meant, for example, a total repudiation of the devotion to images, which had been so important in Western Christianity during the Middle Ages. This kind of religious act was radically condemned in the Ten Commandments that God gave to Moses at Sinai (Exod. 20:4–6), as well as by prophets who laid bare the of worshiping an image (Isa. 44:6–20). As the psalmist says, these images

> have mouths but do not speak,
> eyes but do not see,
> ears but do not hear.
> Neither is there breath in their mouths.
> Those who fashion them are like them,
> as are all who trust in them. (Ps. 135:16–18)

During this same time, the Counter-Reformation was putting greater emphasis on the use of images, and the Council of Trent bestowed on their use a special role in stirring up the faith of the devoted. With such different outlooks, one might have expected the arts to flourish in Catholic countries and decline in Protestant countries. This was not the case.

In the area of painting, the Reformation certainly respected the biblical commandment to not worship images, but the artists were extraordinary nevertheless. Even more importantly,

---

9   For more on this see Vidal, *El legado de la Reforma*, 339ff.

they reflected a new reality born of the Reformation itself and its biblical worldview. If we com-
pare the great painters of Catholic Europe, such
as Velázquez and Rubens, with the equally great
Protestant painters, such as Rembrandt, Bruegel,
Cranach, and Holbein, we find two very different
social systems. The Catholic painters were still
portraying the absolutism of royalty, mythologi-
cal themes, and scenes of saints. When they allowed themselves to reflect reality—such as the
brilliant Velázquez did—we find a world of foolish
monarchs, ambitious and conceited royal favor-
ites, drunks, dwarves, and buffoons. Rembrandt,
in contrast, reflected a society where common
people had value—which they absolutely did not
have in Europe of the Counter-Reformation—and,
furthermore, played a role in enormously important social changes. Of course, Rembrandt de-
picted biblical scenes with exquisite skill, but he
also painted clothiers and doctors in the middle of
an anatomy lesson (this latter occupation, by the
way, received continual blows from the Inquisition
in Spain).[10]

The Reformation restored dignity to all human
beings without exception and, moreover, placed
them in the center of pictorial expression not as
ancillary to aristocratic or royal activities but as
protagonists in their own right. An ordinary woman—not a saint or a nun or an aristocrat—for the
first time had a place in visual arts. Women took

---

10 See S. Muñoz Calvo, *Inquisición y Ciencia en la España Moderna*
(Inquisition and science in modern Spain) (Madrid: Editora Nacional,
1977), 179ff.

a leap that would not occur in Catholic countries until the eighteenth century, and then only when these artists moved away from Roman Catholic orthodoxy to some degree.

Nevertheless, even though the Reformation left a significant mark on painting and other visual arts of the time, its greatest contribution occurred in the area of music, once again guided by the Bible, with its references to musical instruments and choirs. At the beginning of the sixteenth century, music in the Catholic Church was sung in Latin and confined to ecclesiastic choirs. The Reformation gave the praising of God back to the people, including women. It did this so prodigiously that today we see as completely natural something that was truly revolutionary at the beginning of the sixteenth century. From the beginning, the songs were composed in the vernacular, which the masses understood. Polyphonic music had to be temporarily abandoned, but all the faithful participated in the singing.

It is known that Luther played an important role in this artistic revolution. He deeply loved music and both played instruments and composed. Moreover, Luther was not alone in this zeal. Other reformers such as Martin Bucer and John Calvin also composed beautiful hymns, for the most part inspired by the book of Psalms. Psalters from Geneva, Lausanne, Basle, and Mulhouse contained pieces whose solemnity and spirituality have not been surpassed. It even became popular to sing these at home as a way of entertainment. Some

of the more respected composers of these pieces were Claude Goudimel and Claude Le Jeune.
Giving worship back to the people was singularly successful and had no parallel in the Catholic
Church. In 1562 alone, 24,700 copies of the Beza
Psalter were printed. Indeed, music to honor God
had been given back into the hands of the people,
and they received it enthusiastically. These people, naturally, included women.

In 1956 Igor Stravinski composed an arrange-
ment of a chorale by Luther. Indeed, he believed
that classical music reached its apex with the Protestant chorale. One can qualify or deny this claim,
but the truth is that never before or since has music experienced such a leap forward. In fact, when
Johann Sebastian Bach, the Protestant musician
par excellence, began composing, there were already more than five thousand chorales inspired
by the Reformation. This was not a bad anteced-
ent for a genius who went on to compose cantatas,
more chorales, and phenomenal Passions that
still elicit admiration today. Bach was not unique
by far. George Frideric Handel—who popularized
music the way Rembrandt popularized painting—
left us impressive oratories, of which *The Messi-
ah* is his most well-known, though probably not
best, work. The legacy of the Reformation in music continued without stopping and even, it can
be said, gloriously until the twentieth century. For
example, Felix Mendelssohn—of Jewish origin,
but a Protestant—was one of the most exceptional
composers of the Romantic period, as Handel had

been of the Baroque, and he paid tribute to the Reformation as well. In fact, his Fifth Symphony is called the *Reformation,* and it is not by chance that one can detect Luther's "A Mighty Fortress Is Our God" in its bars.

Likewise, the stamp of the Reformation can be observed in the continuous creation of new hymns. To list the composers of all of them would be a colossal task and certainly beyond the limits of this book. Suffice it to say that Charles Wesley, one of the greatest among them, alone wrote more than six thousand hymns—yes, six thousand— of which several dozen are still sung today and are considered among the best in the repertory of spiritual music.

The incredible superiority of Protestant music was ultimately recognized even by the Roman Catholic Church, which over the centuries took in the works of, for example, Handel and Bach— whose music Pope Benedict XVI described as heavenly—as well as a large part of the most popular hymns.

This brief overview of the massive impact the Reformation had on music has facets that are more or less known by the general public. What is not as well-known is the contributions of women who were influenced by the Reformation, even though many were devoted to this artistic creation. As an illustration, how many who are familiar with the role of Charles Wesley in writing hymns also know about the career of Georgia Harkness, an extraordinary twentieth-century intellectual, theologian,

musician, and composer of, for example, "Hope of the World"? Or, as another example, how many of those who have listened to "A Mighty Fortress Is Our God," and know that Martin Luther wrote it, also know the name of Susan Palo Cherwien and her hymns such as "O Blessed Spring"? Sadly, not many. These are only two examples, but we could add composers such as Susan Briehl, Carol Doran, Jeannette Lindholm, and Carolyn Jennings, all of them profoundly inspired by the spirit of the Reformation.

Indeed, women were involved in composing from the very beginning and included such well-known people as Elisabeth Cruciger, a personal friend of Katharina von Bora, Martin Luther's wife. Like Katharina, Elisabeth had been a nun and, also like her, married a pastor. Wanting to praise God, Elisabeth became one of the Reformation's first composers of hymns.

All in all, though, possibly the most important female composer inspired by the Reformation was Fanny Crosby, who wrote approximately nine thousand hymns. Some of them, like "Blessed Assurance," have become timeless classics of Christian life. Crosby's life was incredibly difficult. She became blind when she was six weeks old and endured periods of great tribulation. During the cholera epidemic of 1849, she attended to the sick and then suffered a time of depression. From this she came to realize that she had to dedicate her life to Jesus. This step meant a complete reorientation of her life and led directly to her prolific

writing of hymns, none of which she composed before praying to the Lord, as she herself confessed.

As in so many other areas, the Reformation marked a before and an after in the history of women and the arts. From being excluded—except for images of virgins, saints, and queens—they became real subjects as well as direct and systematic participants in the Christian life and finally artists themselves. This was indeed a giant step.

Women and Compassion

One of the characteristics of biblical Christianity is often translated in our Bibles as "compassion" but is in reality a Greek word that refers to the bowels that are stirred by another person's need. Jesus cared for those who could have fainted because of hunger (Matt. 14:13–21), James declared that a part of true religion is to help orphans and widows (James 1:27), and Paul pointed out that one of the purposes of work was to have enough to share with those in need (Eph. 4:28).

This vision, which in the early Christian community in Jerusalem led to a voluntary system of joint ownership to help those in need (Acts 4:32–5:11) and later in Pauline churches to assistance for widows (1 Tim. 5:3–16), began to crumble in the Middle Ages. What had been a communal practice began to rest more and more in the hands of the hierarchy and of religious orders. The system of aid that arose included begging as an occupation, deception as a way to receive alms, and a lucrative industry of donations that went to institutions

who then distributed them to greater or lesser degrees. In reading *El Lazarillo de Tormes* (*The Life of Lazarillo de Tormes*), one sees how religion by the early sixteenth century, when the Reformation appeared, had become a well-consolidated mechanism for practicing the picaresque in everyday life. The Reformation countered this organized mendicity and an abundance of the poor with a return to the values in Scripture.

From the beginning, the Reformation grasped that a system of aid was harmful because it encouraged people not to work, kept those receiving aid in miserable dependency, and perpetuated the ills it barely alleviated. In this evaluation it coincided with, for example, the emphatically negative opinion that Gandhi expressed hundreds of years later. For the person who received a bowl of soup, a system of aid may have seemed good, but eventually it would prove to be disastrous because it perpetuated the conditions from which one needed to break away. One exceptional example of the Reformation's contribution was the Bourse Française, established by John Calvin in Geneva.[11] The purposes of this institution were to shelter refugees fleeing widespread violence by Catholics in their home countries and to help the poor.

From the year 1550 to 1560, approximately sixty thousand refugees passed through Geneva, which was a large number for the time and for the resources of the city. Nevertheless, the deacons of

---

11 For an especially interesting study on the subject, see Jeannine Olson, *Calvin and Social Welfare: Deacons and the Bourse Française* (Cranbury, NJ : Associated University Presses, 1989).

the Reformed churches provided temporary economic aid, occupational training so people could find work, and tools so they could practice their trade. In addition, the deacons attended to cases of neglect, the terminally ill, and widows and orphans. All of this took place in accordance with rules that were strictly applied in order to avoid creating dependency and at the same time to help people get out of poverty.

Help was to be given only to people who truly found themselves in need and whose trustworthiness could be ensured. The aid could not be drawn from public funds but had to come from private or church donations. Efforts were made to help the person embrace a biblical work ethic. And finally, the assistance was temporary and could not become a way of life.

For the Reformers, charitable work needed to be continuous in the life of the church, rather than temporary or occasioned by a particular difficulty. Martin Bucer even declared that without these charitable deeds on the part of the deacons, "there can be no true communion of the saints."[12] Calvin himself in one of his sermons on Timothy and Titus made an enormously significant statement: "Do we wish to show that there is reformation among us? We must start at this point, that is to say that there must be pastors who bring the doctrine of salvation with purity and also deacons who take care of the poor." In other words, the Reformation became apparent by means of two very

---

12 Basil Hall, "Diaconia in Martin Butzer," *Service in Christ*, ed. J. I. McCord and T. H. L. Parker (London: Epworth, 1966), 94.

concrete behaviors. The first was that the pastors were devoted to what the Bible taught, especially regarding the doctrine of salvation, and the second was that the deacons took care of the poor.

Nevertheless, it was also important to vigorously avoid forming masses of the population who lived off others or creating entities that existed on the basis of this circumstance. Help absolutely had to be given, but it needed to be given in a way that prevented dependency and allowed people to rise out of their hardship to live a better life.

This conviction would continue for many hundreds of years and be nourished by new contributions, many of which involved women in important roles. That was the case of, for example, Elizabeth (Betsy) Fry, an English Quaker who came to be known as the "angel of prisons." Fry kept detailed diaries of her activities, which has allowed historians to reconstruct the important milestones of her life. Orphaned at an early age, she converted upon hearing a Quaker preacher. She married and had eleven children—five boys and six girls— a fact that did not prevent her from carrying out extraordinary social work.

In 1813 Betsy visited Newgate Prison and was justifiably horrified by the living conditions of the women prisoners. Women and children were packed together, in many cases still awaiting trial. They were responsible for procuring their own food, and they slept on straw in tiny cells. In 1817, after having established a school for the children of the prisoners, Betsy founded the Association

for the Reformation of the Female Prisoners in Newgate. In 1821 she created the British Ladies' Society for Promoting the Reformation of Female Prisoners, which began by teaching a trade to female prisoners. In the following years Fry's ideas of rehabilitation and humane treatment began to slowly take hold. After her book *Prisons in Scotland and the North of England* was published in 1818, she became the first woman to testify on an issue in front of the English Parliament, in this case on the conditions in British prisons.

Elizabeth Fry did tremendous work in prisons, but that was not all she accomplished. She also helped the homeless, establishing a night shelter in London in 1824. She created the Brighton District Visiting Society, whose purpose it was to recruit volunteers to visit the homes of the poor and give them comfort and material aid. Though her husband's business went bankrupt, it did not stop her work as she received direct backing from Frederick William IV of Prussia and Queen Elizabeth. Most certainly the history of the penitentiary system witnessed a before and after Elizabeth Fry.

Among the tasks Elizabeth Fry carried out was to open a school of nursing, but the biggest headway in this area was accomplished by another woman who was also inspired by the biblical vision reclaimed by the Reformation. Her name was Florence Nightingale and she was born into the English upper class in 1820. In February of 1837 Florence heard the voice of the Lord calling her to a "future of service," a service in which she would have to be

willing to lose her reputation. She also felt that this service should take place in the field of nursing, so against her parents' wishes she began to study toward this goal. Florence Nightingale radically changed the view of nurses. Until then they had been little more than camp followers who contributed little or nothing to the care of the sick. That all changed with Florence, and one can say that nurses of today are a direct legacy of her selfless work.

In addition, the role women played in the fight to abolish slavery, also inspired by the Reformation, was truly notable. The contributions of Quakers such as Elizabeth Fry stand out, but the campaign to end such a scourge on humanity was not limited to that denomination. One special example of that was Sojourner Truth. Born into slavery in 1797 as Isabella Baumfree, she escaped in 1826 with her daughter. The Lord gave her a vision of a home where a Quaker couple named Isaac and Maria Van Wagenen lived. The Van Wagenens bought the young black woman from her owner and granted her freedom. A few years later she had an experience that radically changed her life. As she recounted in her autobiography, God revealed himself to her, showing her that Jesus loved her and that there was no place in the universe where God was not present.

In 1843 this freedwoman changed her name to Sojourner Truth because she sensed that the Lord was directing her to "testify to the hope that was in her."[13] In 1851 she caused a great sensation at

---

13 Henry Louis Gates Jr. and Valerie A. Smith, eds., *The Norton Anthology of African American Literature*, 3rd ed. (New York: Norton, 2014), 1.

the Women's Convention in Ohio when she gave the speech titled "Ain't I a Woman?" From that moment forward her impact on society was immense. Harriet Beecher Stowe, the author of *Uncle Tom's Cabin*, recounts how impressed she was by her during a dinner given for pastors and abolitionists. Truth had a similar effect on President Abraham Lincoln when she met with him.

Sojourner Truth, a woman whose instruction came almost entirely from the Bible and the sermons she had heard, had an enormous influence on the abolitionist movement and on the cause of women's rights. Quite tellingly, she would often say that her starting point for any sermon was always "When I found Jesus."

Like so many other aspects that deserve a comprehensive and careful study, the history of Christian women involved in social work is yet to be written. In these pages we are simply touching on a few examples from a remarkable trajectory throughout hundreds of years. Among these women there was, for example, Madame Jules Mallet, who devoted herself to the care of children, prisoners, and the sick; or Jenny d'Héricourt, Henriette Guizot de Witt, and Julie Siegfried, who all fought against prostitution and sex trafficking and championed equal rights between men and women in France. There was Catherine Booth, a street preacher and cofounder with her husband of the Salvation Army. Unlike shady characters in the secular world—precursors of today's feminists so aptly portrayed in Henry James's novel *The*

Bostonians—All these women derived their world-view from the Scriptures that transformed their powerful spiritual callings into difficult, arduous ministries. They received no recognition in society for their work, which was often dangerous, but which always brought about positive changes in history and revealed the tremendous power of God and his Word.

In the fight against slavery; in the creation of social programs to help the poor, the defenseless, prisoners, and prostitutes; in founding societies for the advancement of women—in all these areas Christian women predated socialist and feminist movements. They did so without brandishing a flag of opposition to men or depriving women of their true nature. Rather, they rooted their fruitful and transcendent labor in the truths of the Bible. There is no doubt that history was dramatically and positively altered by the Reformation, and one of the areas where this change was most pronounced was in the lives of women.

Conclusion

Women are revealed in the Bible as endowed with exceptional importance and dignity. In ancient Israel, a world that was limited in so many ways, they were held in higher regard than in other historical contexts. Yet even that situation experienced an abrupt change with the teachings of Jesus of Nazareth, which brought extraordinary consequences. A woman was no longer second-class, under the guardianship of others and with a highly limited sphere of activities. Rather, she was considered equal to a man, an integral part of a community that did not differentiate between Jew and Gentile, slave or free, and she was wholly involved in its ministries.

A large part of the movements today claiming to champion women has not done so. In marked contrast, Christianity did not consider, for example, adultery on the part of women as social progress but as equally pernicious as adultery in men. Neither did it assume that destroying the life of a baby boy was as reasonable as destroying that of a baby girl, but rather tried to save them both. It even established the indescribable love of Jesus for his people as a model for the love between a husband and a wife.

These advances collapsed spectacularly and tragically in the fourth century AD, though they

had been besieged before then. As theology became more and more saturated with pagan ideas and those who wrote theology were more often celibate, women as well as sexuality were painted in increasingly sinister shades. Even marriage was reduced to the level of legalized fornication. The ideal spiritual state was perpetual chastity, and those who loved each other and had children were viewed as wicked. In this portrayal of women as sinister, they were described as a "gateway of the devil" and were considered more predisposed to witchcraft than men. Those men, the "saints," were incapable of seeing that they were psychologically projecting their own lewdness onto women. To add insult to injury, some of these theologians shaped official Roman Catholic theology for centuries to come.

The human race was able to rise out of these incredible depths of moral baseness and fateful abandonment of the message of Scripture thanks to the Reformation, which made the recovery of the Bible its foremost mission. Sex and matrimony, family and conjugal relations, visual arts and music, the praise of God, literature, the functioning of churches, and compassion were some of the aspects affected by the Reformation, which in turn drastically changed the condition of women. This is what we have attempted to make clear, albeit briefly, in the pages of this book.

Nevertheless, what we have expounded on in the previous pages is not something that applies only to the past, as valuable as that is. Rather, it

is also a practical platform from which to confront secular problems that exist today. Without correction, these are problems that could continue for many more centuries. In today's world, where there is an ideology of gender that is attempting to annihilate natural concepts of sexuality, family, and the relationship between the sexes, it is more urgent than ever to return to the Bible, to study the roads the Reformation took in its great effort to reclaim Scripture, and to have a response to the often terrifying challenges of our times. The result could be a relationship like the one described by the Reformers or by the unfairly disparaged Puritans. This is a relationship where a man and a woman come together in harmony with sublime melodies of love; where plans for an abundant and happy life become a reality; where the family is strengthened as the basic building block of society; where education begins; and where one starts to live out the kingdom of God, which should be sought above all else (Matt. 6:33). If this brief book has contributed in any way toward achieving this goal, its author will be more than satisfied.

Selected Bibliography

Along with the references given in the footnotes, the following works can be used to further explore matters related to the Reformation.

Atkinson, J. *Martin Luther and the Birth of Protestantism.* London: Pelican, 1982.

————. *The Trial of Luther.* New York: Stein and Day, 1971.

Bainton, R.H. *Bibliography of the Continental Reformation.* Chicago: The American Society of Church History, 1935.

————. "The Development and Consistency of Luther's Attitude toward Religious Liberty." *Harvard Theological Review* 22 (1929).

————. "Luther's Struggle for Faith." *Church History* 17 (1948).

————. "Review of Boehmer's *Road to Reformation.*" *Church History* 16 (1947).

Baylor, M.G. *Action and Person: Conscience in Late Scholasticism and the Young Luther.* Leiden: Brill, 1977.

Cameron, E. *The European Reformation.* Oxford: Clarendon, 1991.

Chadwick, O. *The Early Reformation on the Continent.* Oxford: Oxford University Press, 2001.

————. *The Reformation.* London: Penguin, 1964.

Delumeau, Jean. *Naissance et affirmation de la Réforme.* Paris: Presses universitaires de France, 1973.

Dickens, A.G. *Martin Luther and the Reformation.* London: English Universities Press, 1967.

Erikson, E. H. *Young Man Luther.* London: Norton, 1958.

Grimm, H. J. *The Reformation Era.* New York: Macmillan, 1965.

Greiner, A. *Luther: Essai biographique.* Geneva: Labor et
    Fides, 1970.

———. *Martin Luther, ou l'hymne à la grace.* Paris: Plon,
    1966.

Hillerbrand, H.J., ed. *The Oxford Encyclopaedia of the Ref-
    ormation.* 4 vols. Oxford: Oxford University Press, 1996.

Hughes, P. *A History of the Church.* Vol. 3, *The Revolt
    against the Church: Aquinas to Luther.* London: Sheed
    and Ward, 1960.

Kidd, B. J. *Documents Illustrative of the Continental Refor-
    mation.* Oxford: Clarendon, 1911.

Köstlin, J. *The Life of Luther.* London: Longmans, Green,
    1905.

———. *Martin Luther: His Life and Writings.* 1875.

Küng, H. *Justification.* Philadelphia: Westminster, 1981

Léonard, É. G. *Histoiregénerale du protestantisme.* Paris:
    Presses universitaires de France, 1961; London: Nel-
    son, 1965.

Lindberg, C., ed. *The European Reformation Sourcebook.*
    Oxford: Blackwell, 2000.

Lohse, B. *Martin Luther: An Introduction to His Life and
    Work.* Philadelphia: Fortress, 1986.

Lortz, J. *The Reformation in Germany.* Translated by R.
    Walls. New York: Herder and Herder, 1968.

Luther, M. *Early Theological Works.* Edited by James At-
    kinson. London: SCM, 1962.

———. *The Works of Martin Luther.* Philadelphia: Muhlen-
    berg, 1943.

McGrath, A.E. *Reformation Thought: An Introduction.* Ox-
    ford: Blackwell, 1999.

Oakley, F. "Conciliarism in the Sixteenth Century: Jacques
    Almain Again." *Archiv für Reformationsgeschichte* 68
    (1977): 111–32.

Oberman, H.A. "Reformation: Epocheoder Episode?" *Ar-
    chiv für Reformationsgeschichte* 68 (1977): 56–111.

O'Hare, P. F. *The Facts about Luther.* New York: Pustet,
    1916.

O'Malley, J. W. "Catholic Reform." *Reformation Europe: A Guide to Research*, edited by S. Ozment. St. Louis: Center for Reformation Research, 1982.

Pauck, W. *Heritage of the Reformation*. Boston: Beacon, 1950.

Pettegree, A. *The Early Reformation in Europe*. Cambridge: Cambridge University Press, 1992.

———. *The Reformation World*. London: Routledge, 2000.

Ryken, L. *Worldly Saints*. Grand Rapids: Academie Books, 1990.

Schwiebert, E. G. *Luther and His Times: The Reformation from a New Perspective*. St. Louis: Concordia, 1950.

Scribner, B., R. Porter, and M. Teich. *The Reformation in National Context*.Cambridge: Cambridge University Press, 1994.

Setz, W. *Lorenzo Vallas Schriftgegen die konstantinische Schenkung: De false credita et ementitaConstantini donation: ZurInterpretattion und Wirkungsgeschichte*. Tübingen: Niemeyer, 1975.

Swilder, L."The Uses and Abuses of History: Reappraising the Reformation." *Commonweal* 81(1964): 156–58.

Todd, J. M. *Luther: A Life*. New York: Crossroad, 1982.

———. *Martin Luther: A Biographical Study*. London: Burns & Oates, 1964.

Torrance, T.F. *Christian Theology and Scientific Culture*. Belfast: Christian Journals, 1980.

Tracy, J.D. *Europe's Reformations 1450–1650*. Lanham, MD: Rowman & Littlefield, 2000.

Vidal, César. *El caso Lutero*. Madrid: Edaf, 2004.

———.*La herencia del cristianismo*. Tyler, TX: Editorial JUCUM, 2014.

———.*El legado de la Reforma*. Tyler,TX: Editorial JUCUM, 2016.

About the author

CESAR VIDAL is an Historian, writer and political commentator. Vidal hosts La Voz, a daily Spanish podcast with 1.5 million monthly downloads. Vidal is an American Citizen, originally from Spain. Cesar Vidal holds a Ph.D. in history, 1991 Valedictorian Academic Award: With the thesis *De Pentecostés a Jamnia.* The thesis was published under the title *Los primeros cristianos.* Ph.D. in theology, philosophy, and law of Spain. Vidal practiced law to ultimately abandon such practice to pursue history and literature. Cesar Vidal speaks various languages, has written more than 180 books, and has translated several authors into Spanish, including works by Aleksandr Solzhenitsyn. Vidal is a well-known personality in Spanish media and has hosted various television and radio shows. Cesar Vidal has received several literary awards for various works, including for *La mandrágora de las doce lunas; El último tren a Zurich* and for *El testamento del pescador (The Fisherman's Testament),* among many other titles. Vidal believes the crisis suffered by society is fundamentally of spiritual nature. He is pessimistic about political, economic, or social solutions. Vidal believes, however, in the indescribable effects that a personal relationship with God, the application of the teachings of Jesus Christ and the obedience to the Holy Spirit can have in human beings from all walks of life.